Ute Tietje

Indianische Küche des Südwestens und der Plains

BUFFALO VERLAG

Indianische Küche des Südwestens und der Plains

ISBN 978-3-9468-600-6-8

27283 Verden/Aller – Auf der Höhe 10
www.buffalo-verlag.de

Autor: Ute Tietje
Cover Layout: Nils Heise
Lektorat: Prof. Dr. Günter Lehmann, Daniela Mertens
Grafiken: Ute Tietje
Fotos: Ute Tietje

Weitere Fotos und Abbildungen →Bildnachweis

Wir bitten bei den historischen Fotos die Bildqualität zu entschuldigen. Die Ursache ist dem Alter der Bilder und den damaligen Fototechniken geschuldet.

Inhalt

DIGNITY

„Ich bin ein American Indian, kein Native American!“

„Ich verabscheue den Begriff „Native American“. Es ist ein Oberbegriff der Regierung, mit dem alle indigenen Gefangenen in den Vereinigten Staaten bezeichnet werden. Das sind die amerikanischen Samoaner, die Mikronesier, die Aleuten, die ursprünglichen Hawaiianer und die fälschlicherweise als Eskimos bezeichneten Menschen, die in Wirklichkeit Upiks und Iñupiats sind, und natürlich die amerikanischen Indianer (American Indian).
Ich bevorzuge den Begriff Indianer. Wir sind zudem die einzige ethnische Gruppe in den Vereinigten Staaten, bei der das Amerikanische vor der ethnischen Zugehörigkeit steht.
Auf einer internationalen Konferenz der Indianer Amerikas, die 1977 im Rahmen der Vereinten Nationen in Genf/Schweiz stattfand, haben wir einstimmig beschlossen, uns als Indianer zu bezeichnen.
Wir wurden als Indianer versklavt, wir wurden als Indianer kolonisiert, und wir werden unsere Freiheit als Indianer erlangen, und dann können wir uns nennen, wie wir wollen.
Und deshalb werde ich nicht zulassen, dass eine Regierung, irgendeine Regierung, definiert, wer ich bin. Zudem ist auch jeder Weiße, der in der westlichen Hemisphäre geboren ist, ein Native American.“

Russell Means – Lakota

Der 1939 in der Pine Ridge Indian Reservation/South Dakota geborene und auch dort verstorbene Russell Means zählt zu den bekanntesten Aktivisten der *American Indians* des 20. Jahrhunderts. Er war seit 1969 Mitglied des *American Indian Movement* (AIM), einer 1968 gegründeten Organisation, die für die Rechte der Indianer in den Vereinigten Staaten eintritt.
Spätestens seit den 1970er Jahren, als das AIM durch spektakuläre Aktionen wie 1973 der Besetzung von Wounded Knee in der Pine-Ridge-Reservation auch internationale Beachtung fand, war der charismatische Redner einer der populärsten Sprecher des AIM. 2007 erregte Russell Means Aufsehen, als er mit einigen anderen Aktivisten für Indianerrechte die Unabhängigkeit des Lakota Country ausrief und die Verträge mit den USA für ungültig erklärte.
Russell Means arbeitete zudem als Schauspieler und übernahm 1992 die Rolle des Chingachgook in Michael Manns Literaturverfilmung „Der letzte Mohikaner“. 30 weitere Filme folgten.
Gute Kontakte pflegte er zur deutschen Schriftstellerin Liselotte Welskopf-Henrich, die das, was sie dort in der Zeit von (1963 bis 1974) vor Ort erlebte, in den letzten Bänden ihrer Pentalogie „Das Blut des Adlers“ verarbeitete. Für die wahrheitsgetreuen Schilderungen des aktuellen Lebens der nordamerikanischen Indianer wurde Welskopf-Henrich mit dem Titel einer „Lakota-Tashina“ (Schutzdecke der Lakota) von den Lakota geehrt.

Mein allerherzlichster Dank

gilt den vielen freundlichen und aufgeschlossenen Menschen, die mir Zugang zu ihrer Kultur gewährt haben, obwohl viele von ihnen die Traurigkeit, aber auch Zorn, über das, was ihnen angetan wurde, immer noch im Herzen tragen. Menschen, die ich in Reservaten, Stammesgebieten, auf Powwows und anderen Veranstaltungen, manchmal auch auf der Landstraße oder bei privaten Anlässen kennenlernen durfte und die mir mit großherziger Gastfreundschaft entgegen kamen. Darunter viele faszinierende Begegnungen mit teilweise charismatischen Persönlichkeiten.
Menschen, an die ich mich immer erinnern werde, auch wenn die Zeit, die ich mit ihnen verbringen durfte, meist nur relativ kurz war. Ebenso wenig werde ich die vielen aufschlussreichen Gespräche vergessen, aus denen sich manchmal Einladungen zu Festen, Zeremonien, auf Ranches, in Privathäuser oder zu anderen interessanten Veranstaltungen ergaben. Leider konnte ich aus Zeitgründen nicht immer alle diese großartigen Gelegenheiten wahrnehmen.

Seit 1991 war ich, manchmal mehrmals im Jahr, hauptsächlich im Südwesten und den Plains-Staaten, aber ebenso in anderen Regionen Nordamerikas unterwegs. Dabei besuchte ich viele Reservate und Stammesgebiete. Zuletzt 2022 das Mescalero-Reservat, wo ich zur Inaugation-Ceremony eingeladen wurde. Neben vielen anderen Themen kam dort auch kurz die Sprache auf Winnetou, dessen Beliebtheit viele europäische Besucher in das Hotel und das Casino am See sowie in das kleine Museum lockt, wie der Museumsleiter berichtete.
Neben ausgedehnten Reisen, die mich durch traumhafte Landschaften in die Reservate führten, war ich fast regelmäßig über viele Jahre bei bestimmten indianischen Veranstaltungen zu Gast. Dort knüpfte ich viele Kontakte, lernte unzählige Menschen jeden Alters kennen, mit denen ich nicht nur interessante Gespräche führte, sondern von denen ich ebenfalls etliche Rezepte erhielt.

So boim dreitägigen Powwow in Anadarco/Oklahoma, das jedes Jahr am Wochenende vor dem Memorial Day stattfindet. Hierzu reisen Angehörige vieler auch weit entfernter Stämme an.
Dass man an den Mahlzeiten während des Powwows teilnimmt, ist selbstverständlich. Eine Ablehnung wäre eine Beleidigung. Gern gaben mir die Damen in der großen Küche des Community-Centers ihre Rezepte und freuten sich sichtlich, dass es mir schmeckte.
Besonders im Gedächtnis geblieben ist mir Taka, ein Navajo aus Gallup; er war jedes Jahr dabei. Keiner der anderen tanzte mit so viel Inbrunst und Ausdruck. Egal welche Kleidung er trug. Wir haben häufig miteinander gesprochen, wenn er Zeit hatte. In einem Jahr brachte er mir Rezepte von seiner Tante mit, der er von mir erzählt hatte.

Viele Jahre besuchte ich ebenfalls das im Juni stattfindende *Red Earth Festival* in Oklahoma City, die größte Kulturveranstaltung der Ureinwohner Nordamerikas, bei dem sich mehr als 1000 Künstler, Handwerker und Tänzer der Stämme aus ganz Nordamerika präsentieren. Vorträge und Fragestunden indianischer Politiker, Schauspieler und sonstiger Persönlichkeiten gehören ebenfalls zum Programm.
Dort lernte ich unter anderem 2003 den Astronauten John Bennett Herrington (Chickasaw) kennen. Als erster American Indian im All hatten ihn auf dem 13-Tage-Trip mit dem Space Shuttle STS-113 Endeavour November 2002 die Flagge der Chickasaw Nation und eine traditionelle Flöte begleitet. Er war auf dem Red Earth Festival, um Kinder zu ermutigen, daran zu glauben, dass auch indianische Kinder heute alles werden können, was sie möchten, wenn sie sich dafür genügend anstrengen. Sein Großvater, mit dem er oft die Sterne betrachtet und lange Gespräche geführt hatte, habe ihm den Weg gewiesen, als er von seinen Träumen, eines Tages zu den Sternen zu fliegen, sprach.

Neben diesem längeren, sehr interessanten Gespräch mit John gab es auf dem Festival unzählige weitere Unterhaltungen, Kontakte und die eine oder andere Einladung.

Das farbenfrohe *Colorado Indian Market & Southwest Art Festival*, das im Januar in Denver/Colorado am Fuß der verschneiten Rocky Mountains stattfindet, war zweimal mein Ziel. Ein Fest mit hunderten Künstlern, Handwerkern, vielen Ständen mit traditionellen Gerichten sowie Tanzwettbewerben.

Das *Gallup Inter-Tribal Indian Ceremonial Rodeo* im Red Rock State Park bei Gallup/New Mexico besuchte ich mehrmals, da mich die Atmosphäre im Canyon beeindruckte. Zu dieser Veranstaltung, die 1922 zum ersten Mal stattfand, reisen Teilnehmer und Zuschauer vieler Stämme, auch aus nördlichen Regionen der USA, an. Mit zwei eindrucksvollen Paraden durch Gallup mit vielen Pferden wird das Rodeo jedes Jahr eröffnet.

Bei den vielen Begegnungen kam das Gespräch gelegentlich auch darauf, ob man Indianer „Indianer" nennen soll oder darf. Die Menschen, mit denen ich über dieses Thema sprach, zeigten sich verletzt und empört, dass für sie oder über sie hinweg darüber entschieden wird. Dass Weiße in Europa darüber diskutieren, ob sie Indianer genannt werden dürfen oder nicht. Sie nannten es eine neue Form kolonialer Bevormundung.

Sie bezeichnen sich selbst als „Indians" bzw. „American Indians" und tragen stolz T-Shirts und Caps mit der Aufschrift „Indians". Für sie ist „Indians" keine Beleidigung, sondern ein Teil ihrer Identität. Entsprechend nennen sich auch ihre Organisationen.

Ihre älteste und größte 1944 gegründete Organisation ist der *National Congress of American Indians* (NCAI). Ebenso tragen das 1968 gegründete *Ameri-*

can Indian Movement (AIM), bekannt durch teilweise spektakuläre Aktionen, und die Vereinigung *National Advisory Council on Indian Education* (NACIE) „Indian" im Namen. Die nationale Tageszeitung der Indianer in Nordamerika nennt sich seit 1992 *Indian Country Today.* Das seit 1916 publizierte *American Indians Magazine* wird ebenfalls immer noch unter diesem Namen verkauft.

Die Rezepte – Woher sie kommen

Sowohl in den Plains als auch in den Gebieten des Südwestens der USA prägten verschiedene Elemente die Küche der Stämme im Lauf der Zeit. So wie die teilweise sehr unterschiedlichen Vegetationszonen, die ursprüngliche Lebensweise – sesshaft, halbnomadisch oder nomadisch – oder die umfangreichen historischen Einflüsse.

Die Rezepte dieses Buches beruhen auf mündlichen Überlieferungen innerhalb der Indianerfamilien und Stämme. Sie sind mehr als 100 Jahre alt, manche sogar sehr viel älter, da sie aus Zeiten stammen, als die Stämme noch in ihrer ursprünglichen Heimat zuhause waren.

Die Ernährung der Indianer war recht abwechslungsreich, obwohl der Speisezettel von den Jahreszeiten bestimmt wurde. Sowohl die Nomadenstämme als auch die sesshaften Indianer verstanden es, fast jede Art von Lebensmitteln haltbar zu machen, ob es sich nun um Fleisch, Gemüse, Pilze oder Früchte handelte. Zu Jagd-, Sammel- und Erntezeiten war die Versorgung reichlich und die leckersten Gerichte wurden zubereitet. In anderen Zeiten wie am Ende eines sehr langen Winters war man froh, wenn die Vorräte noch genügend hergaben bis zum nahenden Frühjahr.

Trotz ihrer leidvollen Geschichte, die mit Massakern, Vertreibung, Umsiedlung, Umerziehung und dem Verbot ihrer Sprache und Kultur einherging, haben die überlebenden Stämme ihre Kultur nicht nur teilweise bewahrt, sondern pflegen sie wieder mit Stolz.

Zur indianischen Kultur gehören die traditionellen Gerichte ihrer Vorfahren. Das Festessen war ein wesentlicher Bestandteil bei Zeremonien und wird auch heute noch möglichst mit ursprünglichen Zutaten hergestellt. Für Gerichte des Alltags werden viele der Zutaten für die alten Rezepte im Supermarkt gekauft und auf eine modernere, weniger zeitaufwändige Weise zubereitet.

Die für den Alltag bestimmten Mahlzeiten sind meist sehr einfach. Entsprechend eingeschränkt ist das Angebot der kleinen, schlicht gehaltenen Reservats-Supermärkte, in denen in der Regel fast nur lebensnotwendige Nahrungsmittel zu finden sind. Leider nur wenige frische Sachen, sondern eher Konservendosen und Grundnahrungsmittel wie Nudeln. Ausnahmen sind sehr zuckerhaltige Süßigkeiten und Getränke sowie Chips.

Große Supermärkte, häufig recht weit entfernt von den Reservaten, ermöglichen es heute, Früchte, Gemüse und Zutaten zu erstehen, die aus der Region

der ursprünglichen Heimat der Stämme kommen. Wird dort eingekauft, handelt es sich meist um einen Großeinkauf, der für längere Zeit reichen muss. Lediglich in Oklahoma sind die Anfahrten nicht ganz so weit.
Wie in früheren Zeiten, in denen nicht immer alles vorrätig war, werden notfalls bestimmte Zutaten ausgetauscht. So bei den Nüssen, aber auch bei den verschiedenen Mehlsorten, Fleisch- und Fischgerichten und Gewürzen. Insbesondere bei den Wildrezepten wird häufiger das Fleisch domestizierter Tiere verwendet, da heute nicht mehr alle Stämme über ein Gebiet verfügen, auf dem jagdbares Wild zu finden ist.
Die Pueblo und Navajo gehören fast zu den Einzigen, die auf das zurückgreifen können, was ihre Vorfahren schon immer angebaut, gesammelt oder gezüchtet haben, wie Schweine, Schafe, Ziegen, Hühner und Truthähne.
Auffällig ist die große Zahl an Eintöpfen und Suppen, was daraus resultiert, dass früher in der Regel nur „ein Topf" über die Feuerstelle passte, bzw. nur einer vorhanden war. In ihm köchelte meist den ganzen Tag über ein Eintopf vor sich hin, um jedem, der kam, etwas anbieten zu können. Zu den Gerichten wurde überwiegend Brot bzw. Fladen als Beilage gereicht.
Die Zubereitung einiger Gerichte war und ist, je nach Lebensweise, teilweise stammesübergreifend. Durch Vermischung der Stämme untereinander, hervorgerufen durch das enge Zusammenleben in den letzten hundert Jahren, lässt sich in einigen Fällen ohnehin nicht mehr eindeutig bestimmen, welchem ursprünglichen Stamm das jeweilige Gericht zuzuordnen ist. Dazu kommt, dass etliche Stämme nach Oklahoma zwangsumgesiedelt wurden und Gerichte einer komplett anderen Vegetationszone mitbrachten.

Was nicht im Buch zu finden ist

Auch wenn sich die Nahrungsbeschaffung im Gegensatz zu den alten Zeiten erheblich geändert hat, stehen jagdbare Tiere verschiedenster Art, die innerhalb der Stammesgründe erlegt bzw. gefangen werden können, noch immer auf dem Speiseplan.

Allerdings wurde in diesem Buch auf Rezepte zur Zubereitung von Gerichten mit Tieren, die inzwischen teilweise unter Naturschutz stehen, in Europa nicht anzutreffen sind oder nicht unbedingt den europäischen Essgewohnheiten entsprechen, verzichtet.

Dazu gehören: Bär, Stachelschwein, Waschbär, Präriedog, Ground Hog, Gürteltier, Stinktier, Biber, Opossum, Moschusratte, Eichhörnchen, Schlange, Schildkröte, Alligator, Frösche, Zikaden und einige andere.

Während wir uns kaum vorstellen könnten, ein so niedliches Tier wie ein Eichhörnchen zu essen, wanderte es früher durchaus in die Suppe, wenn kein größeres Wild vorhanden war. Schlangen, die einen hühnchenähnlichen Geschmack haben und von denen es auf dem nordamerikanischen Kontinent mehr als genug gibt, werden auch heute noch gegessen.

Die Cherokee sammelten beispielsweise in der Nacht Zikaden, entfernten die Flügel, brieten sie in ein wenig Fett und aßen sie kalt oder heiß.

Eine Spezialität der Indianer des Südostens war Wespensuppe. Der ganze Wespenstock wurde am offenen Feuer erhitzt, bzw. rösteten sie die äußere papierähnliche Hülle am Feuer. Anschließend wurden die Wespen herausgenommen, in Wasser gekocht und mit Salz und Pfeffer abgeschmeckt.

Ground Hogs, Waldmurmeltiere, die 60 bis 70 Zentimeter lang werden können und ein Gewicht zwischen zwei bis sechs Kilogramm haben können, wurden ebenso wie andere Tiere ähnlicher Größe über dem offenen Feuer gegrillt.

Historie von damals bis heute

Historischer Hintergrund

Äußere Umstände führten mehrfach einen Wandel in der Lebensweise vieler Indianerstämme herbei. Der geschichtliche Ablauf der Eroberung der Plains und des Südwestens durch die europäischen Eindringlinge kann im Rahmen dieses Buches nur in einem groben Kurzabriss geschildert werden. Ebenso bleiben auch die kriegerischen Aktivitäten der Stämme untereinander unberücksichtigt.

Um 1500 wanderten die kriegerischen Navajo und Apache aus Kanada kommend in die Gebiete der Pueblo-Stämme ein. 1541 betraten mit der spanischen Expedition von Coronado erstmals Europäer auf der Suche nach Gold das Gebiet der Plains. Dort fanden sie lediglich Ureinwohner in Erdhütten und eine unendliche Steppe vor. Vergeblich hatten sie zuvor die Region der Pueblo-Stämme, der fortschrittlichsten Zivilisation im Südwesten, nach den sagenhaften Goldstädten durchforstet. Enttäuscht zogen sie sich nach Mexiko zurück.

Sie kehrten jedoch 1598 zurück und sicherten der spanischen Krone New Mexico, dessen Hauptstadt ab 1610 Santa Fe hieß. Die Missionsstationen entwickelten sich bald zu riesigen Vieh- und Pferdezuchtbetrieben mit tausenden Tieren. Mit Hilfe des Militärs unterdrückten und versklavten die Missionare die Ureinwohner und untersagten ihnen die Ausübung ihrer traditionellen Religionen. Die spanische Herrschaft endete vorläufig 1680 mit der Pueblo-Revolte, bei der sich die versklavten und widerwillig christianisierten Stämme erhoben und mehr als tausend Spanier töteten. Doch bereits 1692 kehrten die Spanier wieder nach New Mexico zurück.

Das Jahr 1680 steht nicht nur für einen großen Sieg der Indianer, sondern auch für eine entscheidende Weichenstellung in der Geschichte, die zu einem großen Wandel in der Lebensweise vieler Stämme Nordamerikas führte.

Riesige herrenlose Pferdeherden aus den Pferdezuchtbetrieben der Spanier wanderten in Richtung Norden und erreichten etwa 100 Jahre später die kanadische Grenze. Aufgrund der idealen Lebensbedingungen in der Prärie vermehrten sich diese Pferde, die später als Mustang bezeichnet wurden, in den nächsten 200 bis 300 Jahren sehr stark. Sie wurden zu einem unerschöpflichen Pool an Reittieren insbesondere für nomadisierende Indianerstämme.

Die Bewohner der Plains erkannten schnell den Nutzen dieses Tieres, das die Lebensgewohnheiten einiger Stämme maßgeblich beeinflusste. Die Jagdgewohnheiten, insbesondere bei der Bisonjagd, veränderten sich. Einige Stämme entwickelten ein besonderes Geschick beim Fangen und Abrichten der Mustangs sowie auch bei der

Zucht. Das Pferd, das den bis dahin gebräuchlichen Hund als Lasttier ablöste, erhöhte die Schnelligkeit und Bequemlichkeit beim Reisen und somit ebenfalls die Mobilität der einzelnen Stämme.

So machte die Ankunft des Pferdes aus landwirtschaftsorientierten Stämmen wie den Sioux ein kriegerisches Nomadenvolk. Ebenso wie die von Westen kommenden Comanche, Crow und Cheyenne und einige weitere Stämme bevölkerten sie die bis dahin fast menschenleere Ebene.
Die mühsame Bison-Treibjagd zu Fuß gehörte der Vergangenheit an. Nun konnten die Indianer mit schnellen Reittieren die Bisonherden aufspüren, verfolgen und in größerer Zahl erlegen. Die Fleischreserven waren unerschöpflich. Selbst sesshafte Völker entlang der Flüsse maßen plötzlich der Bisonjagd hohe Bedeutung bei und verließen nach der Maisaussaat ihre Erdhäuser, um erst zur Maisernte wieder in ihr Dorf zurückzukehren.
Der Handel mit den Franzosen und Engländern, die zunehmend in die Plains eindrangen, entwickelte sich ebenfalls durch die größere Beweglichkeit der Stämme, die jetzt untereinander regen Handel treiben konnten. Feldprodukte wurden gegen Jagdprodukte getauscht. Die europäischen Händler brachten nicht nur bunte Glasperlen, Knöpfe, Stoffe, Metalltöpfe, sondern auch Gewehre mit, sodass die Kriege verfeindeter Stämme sowie die Jagd ein ganz anderes Ausmaß annahmen.

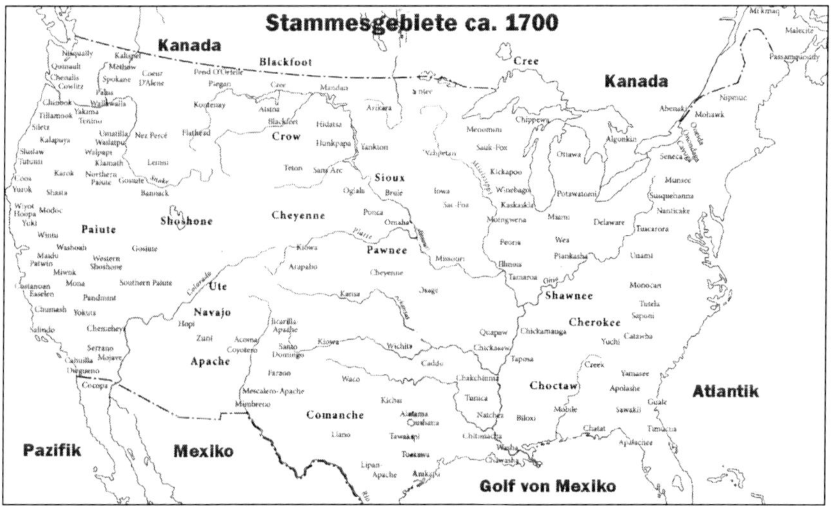

Das Indian Territory

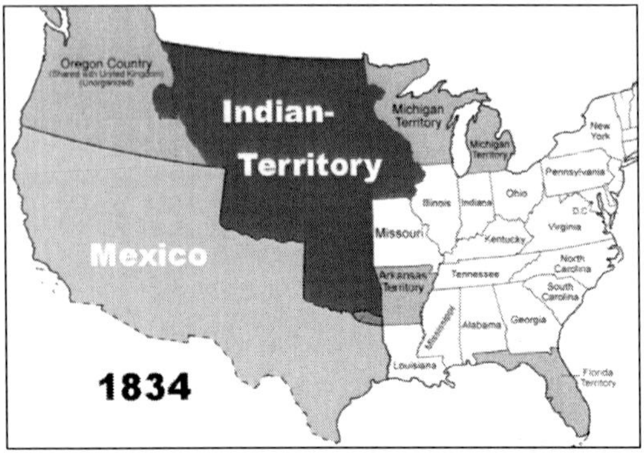

Die ehemals spanischen Kolonien im Südwesten der USA gehörten ab 1821 nach der mexikanischen Revolution zur Republik Mexiko. 1830 unterzeichnete US-Präsident Andrew Jackson den sogenannten *Indian Removal Act*. Ein Indianer-Vertreibungsgesetz, verbunden mit Zwangsumsiedlungen in das Indian Territory. Durchgeführt durch das Militär, denn 1824 wurde das *Bureau of Indian Affairs* Teil des Kriegsministeriums. So sollte Platz für die rasch expandierende Besiedlung und die damit verbundene Landwirtschaft geschaffen werden. Dieses Gesetz sollte den Indianern gleichzeitig garantieren, dass ihnen dieses Land, das Indian Territory, für immer gehören sollte.

„Solange das Gras wächst und solange das Wasser fließt"

Die ersten Stämme, die bei dieser ethnischen Säuberungsaktion zwangsumgesiedelt wurden, waren die sogenannten „Fünf zivilisierten Stämme", die östlich der Plains lebten.

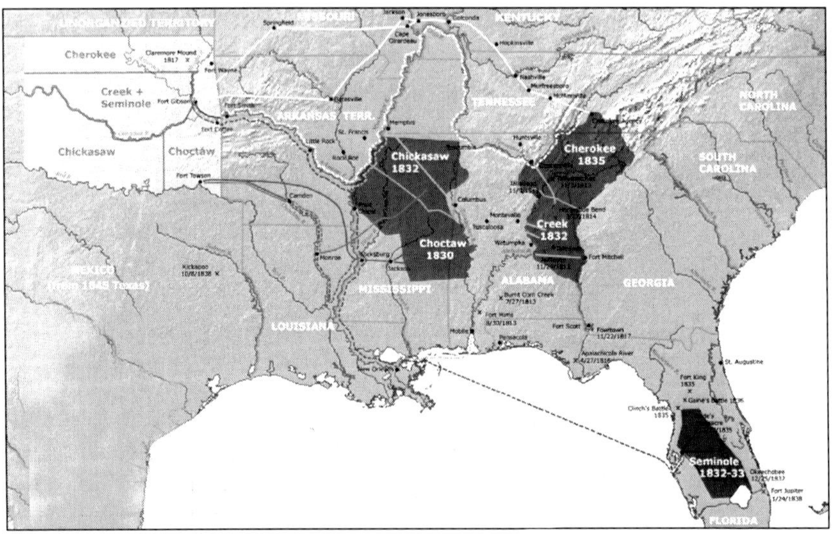

Die Choctaw (1831), Seminolen (1832), Muscogee bzw. Creek (1834), Chickasaw (1837) und Cherokee (1838), der einzige Indianerstamm, der eine eigene Schriftsprache besaß. Tausende Indianer starben auf diesem als „Trail of Tears“ bekannt gewordenen Weg, der über hunderte von Meilen in das Indian Territory führte. Ihnen sollten weitere Stämme aus dem Süden, Westen und Norden folgen. Die USA forcierten indessen die Besiedlung in Richtung Westen und beanspruchten zu Mexico gehörende Gebiete.

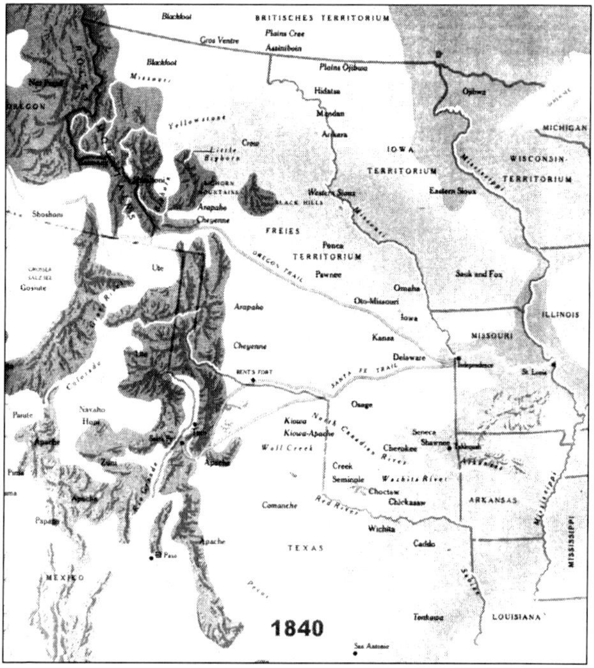

Nach dem sich daraus ergebenden Krieg von 1846 bis 1848 verlief anschließend nicht nur die texanische Grenze wunschgemäß am Rio Grande, sondern durch die Abtretung aller Gebiete nördlich des Gila River fielen auch New Mexico, Teile Arizonas und Kalifornien an die USA.
Anfang des 19. Jahrhunderts lebten in Texas Kiowa, Comanche, Apache, Caddo, Tonkawa, Wichita, Lenni Lenape (Delaware), Karankawa sowie auch Cherokee. Einige Stämme hassten sich abgrundtief, führten Krieg gegeneinander und raubten sich bei Überfällen gegenseitig Pferde, Frauen und Kinder. Durch den ständig wachsenden Strom der Neuankömmlinge, die sich auf ihrem Land niederließen, fühlten sich die Indianer in ihrer Lebensweise bedroht. Ebenso wie durch die Siedlertrecks, die durch ihr Land in Richtung Westen zogen. Schnell stellten einige Stämme fest, dass die Siedler, völlig überrascht von den hier lebenden Indianern, leichte Beute waren. In kriegerischen Banden überfielen sie kleinere Siedlungen, Ranches und Farmen und entdeckten den lukrativen Handel mit Geiseln sowie geraubten Vieh- und Pferdeherden.
Trotz etlicher Strafexpeditionen dauerten die Indianerüberfälle an. Obwohl sich nicht alle Stämme kriegerisch zeigten, war die Folge eine konsequente Vertreibungspolitik gegen alle Indianer und die damit verbundene Umsiedlung in das Indian Territory.
Gleichzeitig schrumpfte das Indian Territory im Laufe des Jahrhunderts trotz

des Versprechens der Regierung, dass ihnen dieses Land für alle Zeiten gehören sollte, denn immer mehr Siedler drängten in Richtung Westen.

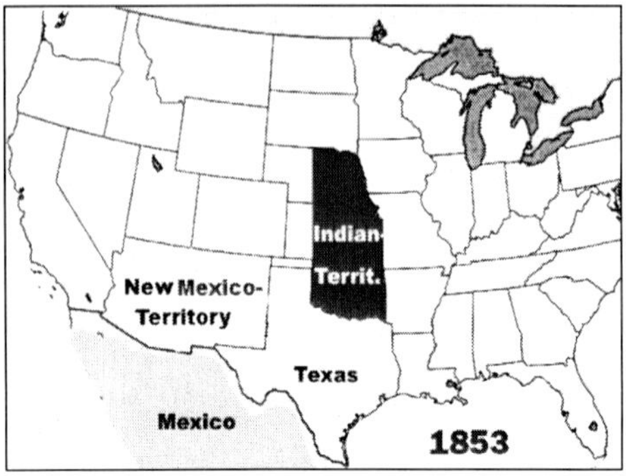

Bis 1834 war es Siedlern verboten, sich im Indianerland Kansas niederzulassen. 1854 wurden Nebraska und Kansas zu Territorien der USA erklärt.
Die Idee des Indian Territory wurde jedoch endgültig zunichte gemacht, als nach 1860 die Erschließung des Westens durch den Bau der Eisenbahn vorangetrieben wurde. Auf den gesamten Plains und auch im Indian Territory wurden die Bisons, die Nahrungsgrundlage der Indianer, durch professionelle Bisonjäger bis 1865 fast ausgerottet.
Die letzten freien Jäger mussten sich der Militärgewalt und den zwischen den Vereinigten Staaten und ihren Stämmen erzwungenen Verträgen beugen. Der Vertrag von Medicine Lodge/Kansas 1867 besiegelte das Schicksal der Kiowa, Comanche, Apache, Southern Cheyenne und Southern Arapaho. Der Vertrag von Fort Laramie im Dakota Territory 1868 das aller Sioux-Stämme, Crow, Northern Cheyenne und Northern Arapaho. Im gleichen Jahr wurden ebenfalls die anderen Stämme in den gesamten USA zu Verträgen gezwungen.
Die Verträge wiesen den Stämmen bestimmte Reservate zur landwirtschaftlichen Nutzung zu, erlaubten ihnen jedoch, diese zum Jagen zu verlassen. Die Klausel der Jagderlaubnis außerhalb des Reservates wurde allerdings bereits 1868 von der US-Regierung wieder außer Kraft gesetzt. Die ehemals frei umherziehenden Ureinwohner Nordamerikas fanden sich in Reservate eingepfercht wieder. Zusammen mit anderen Stämmen ungeachtet bestehender Feindschaften untereinander. Das führte anfangs zu vielen Streitigkeiten unter den Reservatsbewohnern, was wiederum die Armee zum Eingreifen veranlasste. Es dauerte ein wenig, bis die Indianer erkannten, dass ihr Überleben davon abhängen würde, alte Feindschaften endgültig zu begraben und sich zu vereinen.

Man erwartete von ihnen, dass sie ab sofort Landwirtschaft betreiben würden. Ungeachtet dessen, dass etliche Regionen gar nicht für die Landwirtschaft geeignet waren. Die Indianerbeauftragten der einzelnen Reservate waren zudem nicht vorrangig etwa dazu da, den Indianern im Reservat zu helfen, sondern um sie zu „guten, christlichen Weißen“ umzuerziehen und ihnen alles Indianische auszutreiben.

Zu den von der Regierung festgesetzten Rationen gehörten Trocken- oder Pökelfleisch, Weizenmehl, Zucker, Salz und Alttextilien. Weizenmehl war allerdings ein Novum für die meisten Indianer, die es anfangs nicht vertrugen. Korrupte Indianeragenten verkauften teilweise die Lebensmittel, das Saatgut, die nötigen landwirtschaftlichen Gerätschaften sowie auch Wolldecken und Bekleidung privat, anstatt sie den in den Reservaten dahinvegetierenden Bewohnern zu geben.
Wer sich nicht im zugewiesenen Reservat aufhielt, weil sich zum Beispiel jagdbare Tiere außerhalb der Reservatsgrenze befanden, wurde gnadenlos von der Armee gejagt und bestraft.
1874 bis 1875 fand der letzte Indianerkrieg auf texanischem Boden statt. Mitglieder der Comanche, Kiowa und Cheyenne flohen im Frühjahr 1874 wegen menschenunwürdiger Zustände, vor allem wegen fehlender Lebensmittel, aus den Reservaten im Indian Territory. Sie zogen sich in den Palo Duro Canyon in Texas zurück, errichteten dort ihr Lager und lebten wie in alter Zeit.
50 Kompanien wurden in Bewegung gesetzt, um sie zu besiegen. Die Armee überraschte die Indianer Ende September 1874 im Canyon, erbeutete alle Pferde der Kiowa und Comanche und erschoss etwa 1.000 Tiere. Den meisten Cheyenne gelang es, mit ihren Pferden zu entkommen. Viele der Kiowa und Comanche kehrten resigniert in die Reservation zurück. Die Cheyenne und einige Kiowa- und Comanche-Gruppen flüchteten in die Plains, obwohl es problematisch war, dort mit Frauen und Kindern zu überwintern.

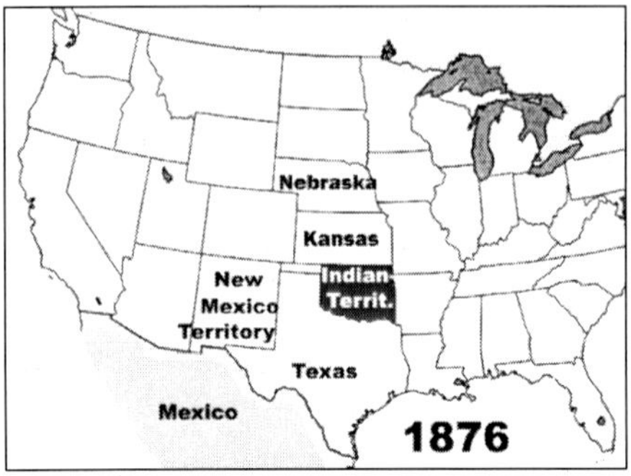

Ein neuer Feldzug 1875 trieb auch die letzten freien Kiowa und Cheyenne im Frühjahr zurück in die Reservate im Indian Territory. Im Juni 1875 ergaben sich dann die Comanche unter Führung des legendären Häuptlings Quanah Parker. Zu dieser Zeit wurde eine der letzten großen Bisonherden in den südlichen Plains gesehen.

Mit der Aufnahme von Kansas und Nebraska in die Union 1876 wurde die Fläche des Indian Territory auf die Grenzen des heutigen Staates Oklahoma reduziert.

Obwohl die Regierung 1880 offiziell die Besiedlung durch Siedler untersagt hatte, kam es zu vielen Grenzübertretungen.

1887 löste der *Allotment Act* (Allgemeines Landzuteilungsgesetz), bekannt auch unter dem Namen *Dawes Act*, die Stammesbesitze, die den Stämmen als Reservat zugewiesenen Ländereien, auf. Den einzelnen Indianer-Familien wurde parzelliertes Land zugewiesen, das man den in Geschäften dieser Art unerfahrenen Indianern teilweise durch den Verkauf von Whiskey wieder abgaunerte, da sie mit dem Begriff Landbesitz nichts anfangen konnten. Zudem blieben dadurch, dass das Land an einzelne Indianer aufgeteilt worden war, viele Stücke Land „zufällig" übrig, die dann an Siedler vergeben wurden. Dazu konnte dieses Land unter Indianern nicht vererbt werden, sodass es nach dem Tod des Besitzers öffentlich versteigert wurde. Infolge dieses Gesetzes verkleinerte sich die Fläche der Reservate zwischen 1887 und 1932 von 138 auf 48 Millionen Acres.

Das *Bureau of Indian Affairs* (BIA) fungierte für das parzellierte Land während der ersten 25 Jahre als Treuhänder. Erst danach wurden die Indianer, wenn aus ihnen Farmer geworden waren, tatsächlich Parzellen-Eigentümer. Das Enteignungsgesetz verfolgte das Ziel, das Gemeinschaftsgefüge der Indianer zu brechen, um diese so besser und schneller in die amerikanische Gesellschaft zu integrieren.

Einige Gebiete wurden aus dem Landzuweisungsgesetz ausgeklammert, wie

das der Cherokee, Muskogee, Choctaw, Chickasaw, Seminolen, Osage, Miami, Peoria, Sauk und Fox. Sie verpflichteten sich im Gegenzug, ihre Stammesregierungen abzuschaffen und die US-Gesetze anzuerkennen.
Eine der schlimmsten Maßnahmen, die mit der Parzellierung einhergingen, war die Errichtung von Boarding Schools. Indianerkinder wurden in frühestem

Die gleiche Gruppe bei der Ankunft und nachher

Alter aus ihrem Elternhaus herausgerissen und außerhalb der Reservate in Internate gesteckt, die meist von Missionaren geleitet wurden. Ihnen wurden die Haare abgeschnitten, westliche Kleidung verpasst und verboten, ihre Sprache zu sprechen oder irgendetwas zu tun, was ihrer traditionellen Erziehung entsprach. Wer gegen irgendeine Regel verstieß, wurde mit teilweise entwürdigenden Strafen belegt. Das führte zu Selbstmorden der Kinder, teilweise sogar zu Massenselbstmorden, da sie keinen anderen Ausweg aus ihrer würdelosen Situation sahen.
Das Verbot der Stammes-Sprachen und der Ausübung ihrer Religion und der damit verbundenen Zeremonien galt nicht nur für die Schüler der Boarding Schools, sondern für sämtliche in den USA lebenden Indianer.
Entgegen den Zusagen, dass das Land auf ewig den Indianern gehören sollte, wurde die Besiedlung des Indian Territory vorangetrieben. 1866, kurz nach dem Bürgerkrieg, hatte Washington viele der Stämme zu Zugeständnissen gezwungen, indem es sie beschuldigte, bestehende Verträge gebrochen und die Konföderierten Staaten unterstützt zu haben. Man nahm das als Anlass, mehr als 8.000 Quadratkilometer Land des Indian Territory mitten im Herzen des heutigen Oklahoma, zu konfiszieren. Dieses Land wurde als erstes am 22. April 1889 zur Besiedlung freigegeben.
Zehntausende Siedler, darunter auch ehemalige Sklaven, warteten auf den Startschuss zum ersten „Land Rush“ in der territorialen Geschichte. Als das Rennen am Mittag begann, rasten tausende Menschen mit Pferden, Wagen, Kutschen, Karren und anderem hinüber, um angeblich nicht besiedeltes und vergebenes Land in Besitz zu nehmen. Vereinzelt kam es dabei zu Kämpfen

zwischen den Siedlern. Gerade 1000 von den 14.000 Siedlungswilligen erhielten ein Stück Land. Riesige Zeltstädte wuchsen über Nacht bei den Siedlungen, die bereits unerlaubterweise in indianischem Gebiet seit 1880 als Erstes erbaut worden waren.

Am 2. Mai 1890 verabschiedete der US-Kongress den *Oklahoma Organic Act*, welcher die Osthälfte des Indian Territory unter indianischer Führung ließ und die Westhälfte zum Staatsgebiet, dem Oklahoma-Territory, erklärte. Der US-Kongress gab weitere Gebiete zur Besiedlung frei.
Im September 1891 wurden die Iowa und Potawatomi Reservate im östlichen Teil des Oklahoma Territory für die Besiedlung geöffnet, im folgenden Frühling die Gebiete der Cheyenne und Arapaho in der Mitte des Territoriums. Am 16. September 1893 folgte das Cherokee Outlet als Besiedlungsgebiet. 1895 war es das Kickapoo Reservat. Kiowa, Comanche, Apache und Wichita Reservate waren ebenfalls betroffen.
Viele Indianer verhungerten oder starben an Krankheiten, die die Weißen eingeschleppt hatten. Die Grabsteine auf den Indianer-Friedhöfen zeigen, dass ein großer Teil von ihnen, insbesondere sehr viele Kinder, zwischen 1890 und 1911 starben.

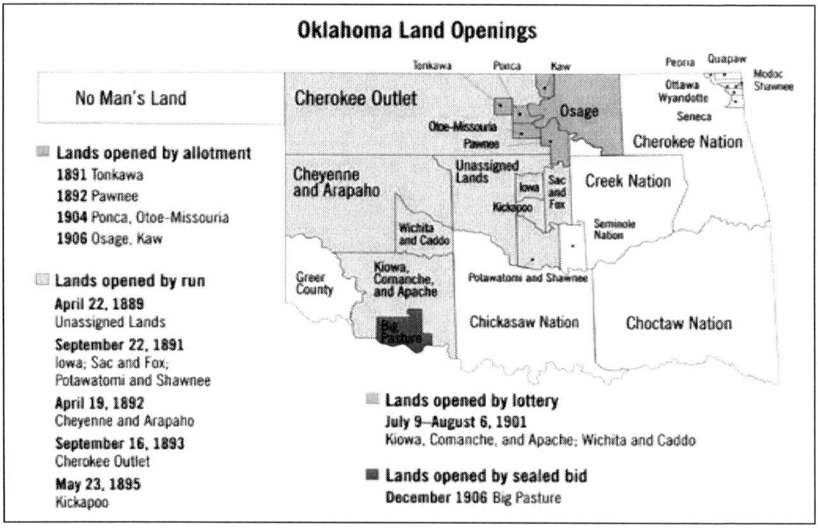

Bis 1906 kam es zur stetigen Ausweitung der Siedlungsgebiete. Der Versuch, zwischen 1902 und 1905 den Ostteil Oklahomas als eigenständigen neuen Bundesstaat Sequoyah zu organisieren, schlug fehl, da Präsident Theodore Roosevelt den Vorschlag ablehnte.
1907 wurde das Oklahoma Territory mit dem Indian Territory vereinigt und trat als 46. Bundesstaat unter dem Namen Oklahoma der Union bei. Durch die Vereinigung zu einem Einheitsstaat verloren die Stammesregierungen ihre Hoheitsrechte.

Stämme des Südwestens

Immer mehr Siedler und Goldgräber strömten inzwischen aus Richtung Osten über den Santa Fe Trail ins Land, sodass die um ihre Existenzgrundlagen kämpfenden Indianer keinen anderen Ausweg sahen, als sich gegen die Eindringlinge zu wehren.
1847 wurde der amerikanische Gouverneur in Taos ermordet. Da die Amerikaner den Wert der Bodenschätze in den Bergen des Navajo-Landes erkannt hatten, nahmen sie dieses Attentat, obwohl nicht von den Navajo ausgeführt, als willkommenen Anlass zur unerbittlichen jahrelangen Verfolgung des Stammes.

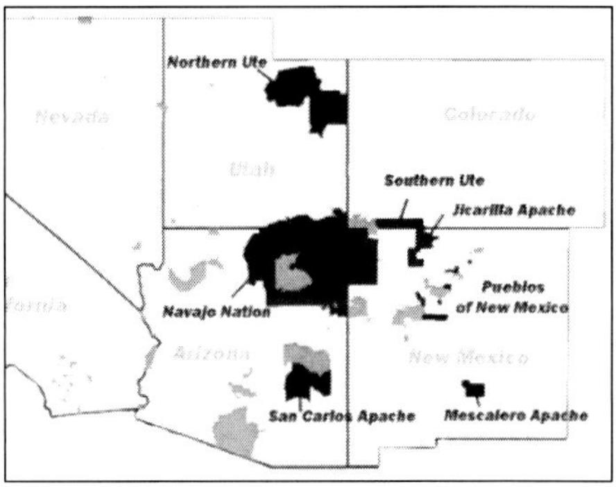

1864 gaben die Navajo im Canyon de Chelly halbverhungert auf, da die Armee ihre Siedlungen und Felder zerstört und ihr Vieh getötet hatte. 8.000 Navajo wurden in das 500 Meilen weit entfernte Konzentrationslager bei Fort Sumner in New Mexico verschleppt, das eigentlich für nur 500 Mescalero-Apache gebaut worden war. Viele starben auf dem Weg dorthin, noch mehr unter den unmenschlichen Bedingungen im Lager. Vier Jahre später wurde den Navajo ein Reservat in ihrer alten Heimat Arizona zugewiesen.
Die herkömmliche Lebensweise der Pueblo-Stämme, aber auch der Navajo, hat sich trotz der kulturellen Schockbehandlung durch „Zivilisierungsversuche“

bis heute weitestgehend erhalten. Die Begründung liegt sicherlich darin, dass sie als sesshafte Stämme seltener umgesiedelt wurden.

1853 begann die Erschließung des Apache-Gebietes, gegen das sich seine Bewohner erbittert wehrten. Um endlich die Bodenschätze fördern und das Land an weiße Siedler verteilen zu können sowie die Indianer-Überfälle zu unterbinden, wurden 1874 die Mitglieder verschiedener Apache-Stämme teils in unwirtliche und für jegliche Landwirtschaft ungeeignete Wüstenlandstriche in New Mexico und Arizona sowie teils nach Oklahoma umgesiedelt. Unerträgliche Zustände in der San Carlos Reservation in Arizona, unter anderem Hunger, führten zur Flucht Geronimos und seiner Stammesgenossen. Von 5.000 Mann Kavallerie gejagt, endete sein daraufhin geführter Guerillakrieg 1886, als er sich mit seinen letzten 20 Kriegern sowie deren Frauen und Kindern ergab.

Geronimo und seine Krieger brachte man entgegen den Vereinbarungen in wechselnde Militärgefängnisse. Sein Grab in Fort Sill/Oklahoma auf dem Apache-Friedhof ist zum Wallfahrtsort geworden, an dem immer noch kleine Geschenke für ihn hinterlassen werden.

Das Mescalero-Reservat in New Mexico wird von drei Apache-Stämmen bewohnt. Den ursprünglichen Mescalero, den Lipan und den Chiricahua.

1903 kamen Lipan, die in Fort Sill gefangen gehalten worden waren, und 1913 ebenfalls aus Fort Sill 187 freigelassene Chiricahua in das Reservat. Alle wurden durch den *Indian Reorganization Act* ungeachtet ihrer Herkunft 1934 offiziell zu Mescalero erklärt.

Die San Carlos Apache kämpfen heute noch um den Erhalt ihrer heiligen Plätze, ebenso wie andere Stämme. Auf dem 3.270 Meter hohen Mount Graham, ein einzigartiges Ökosystem, wurden Satelliten-Schüsseln aufgestellt. Aus der Sicht des Stammes eine Entweihung. Ein anderer heiliger Platz, der Oak Flat, soll von einer Minengesellschaft ausgebeutet werden, sodass anschließend nur noch ein riesiges Loch im Boden davon übrig sein wird.

Stämme der Plains

Als Prärie-Indianer oder Plains-Indianer werden vor allem die Reiterkulturen nomadischer Bisonjäger bezeichnet. Dazu zählen die Sioux, Crow, Assiniboine, Cheyenne, Blackfeet, Arapaho, Prärie-Cree, Gros Ventre, Schoschonen, Nez Percé sowie einige andere Stämme. Eine zweite Gruppe Plains-Indianer war sesshaft oder halbsesshaft und lebte neben der Bisonjagd in Dörfern, baute Getreide an und trieb Handel mit anderen Stämmen. Dazu gehörten, um nur einige zu nennen: die Hidatsa, Mandan, Santee Dakota, Ponca, Osage, Pawnee, Quapaw, Wichita und Caddo.

Stämme der Sioux, die in der Region des heutigen Dakota lebten, hatten vor Mitte des 19. Jahrhunderts wenig Kontakt zu Weißen. 1862 trat eine dramatische Änderung ein, als unter Häuptling Little Crow 644 weiße Siedler massakriert wurden. Einer der blutigsten Indianerkriege, der 28 Jahre dauern sollte, begann. Der Friedensvertrag von Fort Laramie 1868 sprach Red Cloud und den Sioux ein großes Reservat zu, in dem alle Forts aufgelöst werden sollten. Als man jedoch 1874 in den heiligen Bergen der Lakota-Sioux, den Black Hills, Gold fand, wurde die Regierung schnell wortbrüchig und erklärte 1875 die Black Hills als nicht mehr zur Reservation gehörig.

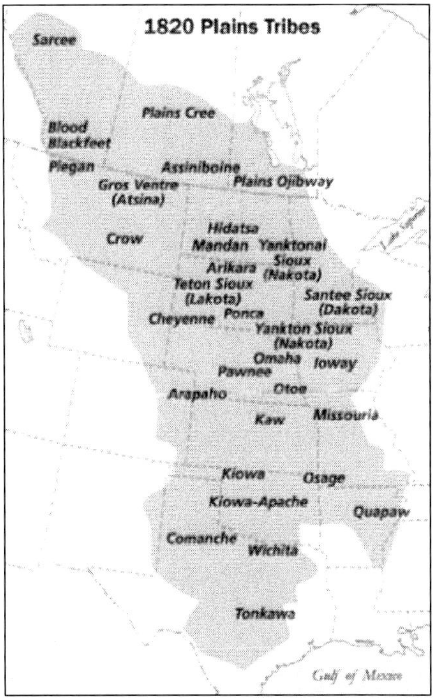

Um die Landnutzungs- und Siedlungsrechte der Regierung durchsetzen zu können, überfiel General Custers 7. Kavallerie-Regiment am 25. Juni 1876 das Sommerlager der Lakota und Cheyenne am Little Bighorn River. Es wurde jedoch unter der Führung von Sitting Bull und Crazy Horse vernichtend geschlagen.

Ein gnadenloser Verfolgungsfeldzug gegen die letzten freien Sioux und Cheyenne zwang Crazy Horse, dessen Volk durch Kälte und Hunger geschwächt war, am 8. Mai 1877 in Fort Robinson in Nebraska zur Aufgabe.

1889 sagte ein Geisterseher das baldige Ende der weißen Herrschaft vorher. Die Armee fürchtete, der charismatische Häuptling Sitting Bull könne einen neuen Aufstand anführen. Er wurde bei seiner Verhaftung erschossen. Am 29. Dezember 1890, zwei Wochen nach seinem Tod, metzelte das 7. US-Kavalle-

rie-Regiment in Wounded Knee in der Pine Ridge Reservation mehr als 200 wehrlose Männer, Frauen und Kinder mit Maschinengewehren nieder. Und das, obwohl diese die US-Flagge und die Weiße Flagge gehisst hatten.
Man trieb alle restlichen Sioux ins Reservat zurück. Dort wurden sie einem „Zivilisierungsprogramm“ unterzogen und ihre Kinder in Internatsschulen geschickt, um sie zu guten Christen zu erziehen.
Der Streit um die Black Hills zwischen den USA und den Sioux ist bis heute nicht beigelegt. Obwohl der Oberste Gerichtshof der Vereinigten Staaten 1980 den ursprünglichen Vertrag von 1868 für gültig befunden und dem Stamm eine Entschädigung im Gesamtwert von 105 Millionen US-Dollar zugesprochen hatte. Die Lakota lehnen das Geld jedoch ab und fordern weiterhin ihre heiligen Berge zurück. Die von den Stämmen bis heute nicht angenommene Summe, die von einem Trust verwaltet wird, ist inzwischen auf ca. 1,6 Milliarden US-Dollar angewachsen.

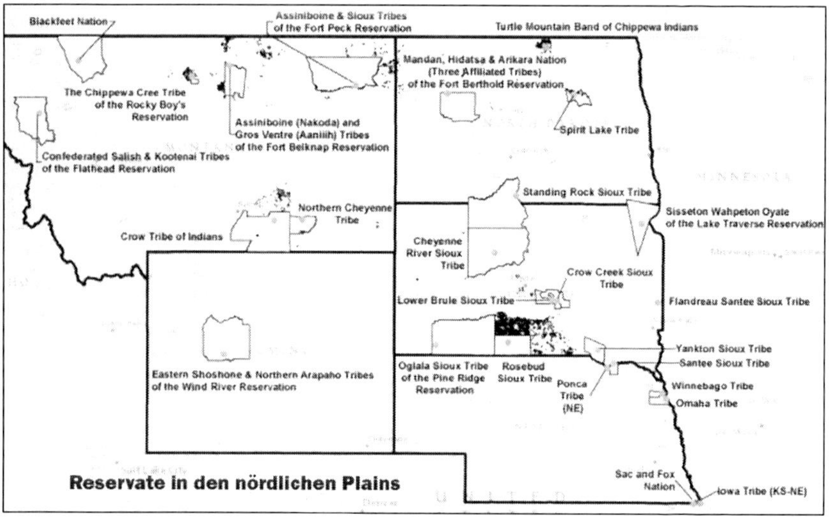

Reservate in den nördlichen Plains

Während die südlichen Plains-Stämme vorwiegend in Oklahoma angesiedelt wurden, leben die nördlichen Stämme teilweise in ihrer alten Heimat in Reservaten. In Kansas, Nebraska und Colorado sind bis auf wenige kleine grenzübergreifende Gebiete keine Reservate zu finden.

Der Bison

Wohl kaum ein Tier symbolisiert die Weite der nordamerikanischen Prärien besser als die Bisons, die einst die Lebensgrundlage für die Ureinwohner der Plains darstellten.
Die bis zu 2 Meter Schulterhöhe großen und teilweise über 900 Kilogramm schweren Bisons sind die größte Säugetierart auf dem amerikanischen Kontinent. Wenn sie auf der Flucht über die Prärie donnerten, erreichten sie mit 65 km/h fast die Geschwindigkeit eines Rennpferdes.
Einst bevölkerten die Bisons zu Millionen die endlosen Graslandschaften der Prärie, die sich vom Flusstal des Missouri bis zu den Rocky Mountains und von Kanada bis nach Mexiko erstreckte. Zeitzeugen berichteten von dem überwältigenden Erlebnis dieses einzigartigen Naturschauspiels, wenn sich die bis zu Zigtausend Tiere umfassenden Herden in Bewegung setzten. Bis zum Horizont sah man Bisons, deren eng aneinandergedrängte Rücken wie auf und abwogende Wellen aussahen, begleitet von Grollen wie Meeresbrandung bei Sturm.
Viele Plains-Stämme betrieben ursprünglich traditionellen Feldbau. Um Bisons zu jagen, wurden diese in früheren Zeiten in Abgründe oder in Canyons mit steilen Felswänden getrieben und getötet.

Mit der Verbreitung des Pferdes entwickelten sich die Plains-Indianer zu geschickten Jägern, die während des Rittes einen Pfeil oder eine Kugel treffsicher abschießen konnten.
Bis 1775 hatten viele Stämme der Central Plains ihr Pflanzer-Leben aufgegeben und sich der Bisonjagd zugewandt. Sie durchstreiften zu Pferd die weiten Ebenen, um den Tieren nachzustellen. Ihre Methoden der Jagd, Konservierung und Verarbeitung waren sich ähnlich. Der Bison stellte nicht nur ihre Nahrungsgrundlage dar, sondern lieferte zugleich auch Materialien für ihre Behausungen, Kleidung, Kochgefäße sowie Werkzeuge aus Knochen und Horn. Dazu waren einige Teile des Bisons für zeremonielle Anlässe erforderlich.
Die Zahl Tiere wird um etwa 1800 auf 60 Millionen geschätzt. Um 1840 sollen es nur noch 35 Millionen Bisons gewesen sein.

Ursächlich dafür waren die durch das Pferd geänderten Jagdmethoden, die bessere Jagdergebnisse ermöglichten. Seit 1840 reduzierte sich durch die Ankunft der vielen Siedler bis 1870 die Anzahl der Tiere auf nur noch 5,5 Millionen. 1880, nur 10 Jahre später, bevölkerten gerade noch 400.000 Bisons die Prärien. Bis 1890 waren die Tiere fast komplett ausgerottet.

Einer der Gründe war, dass man ein neues Gerbverfahren entwickelt hatte, das die dicke Bisonhaut haltbarer und elastischer machte: perfekt, um Gürtel oder Stiefel herzustellen. Die Entdeckung, dass Bisonleder wegen seiner Elastizität auch hervorragend für Treibriemen geeignet ist, ließ dann die Nachfrage explodieren. So entwickelte sich die Bisonjagd rasch zu einem riesigen Geschäft, das durch den Bau der Eisenbahn in Nordamerika entscheidend beschleunigt wurde. Denn jetzt konnten die professionellen Jäger bequem von eigens dafür eingesetzten Zügen aus auf die Tiere schießen. Tausende arbeitslos gewordene Männer gingen auf Bisonjagd. Sie schossen, bis die Läufe ihrer Gewehre mit Wasser gekühlt werden mussten. Das Fleisch der getöteten Tiere ließ man nach dem Abhäuten in der Prärie verrotten.

In kürzester Zeit töteten die weißen Jäger Millionen Bisons und raubten so den nordamerikanischen Ureinwohnern ihre Lebensgrundlage. Der Regierung in Washington war das recht, denn ihr Kalkül war: Wenn erst die Bisons verschwunden wären, würden auch die Indianer verschwinden.

1889 waren nur noch 541 Bisons übrig, Ende des 19. Jahrhunderts gab es in der riesigen Prärie nur noch ein paar Dutzend versprengte Bisongruppen.

Einige Farmer und Rancher hatten damals auf einen künftigen Wert der Bisons spekuliert und sich noch ein paar der selten gewordenen Wildrinder in die Pferche geholt.

Vor allem mit Hilfe dieser kommerziellen Reserve gelang es, neue Herden aufzubauen und laufend zu vergrößern. Seitdem haben sorgfältige Erhaltungs- und Schutzmaßnahmen dazu beigetragen, dass sich der Bison langsam, aber stetig erholt. Nach Schätzungen, exakte Zahlen sind in den USA nicht verfügbar, gibt es heute wieder zwischen 300.000 und 400.000 dieser majestätischen Tiere auf dem nordamerikanischen Kontinent. 30.000 Bisons leben in freien Herden, der Rest hauptsächlich auf Ranches, wo sie wegen ihres Fleisches und ihrer Häute gezüchtet werden.

Viele Stämme haben inzwischen Anteil an dieser positiven Entwicklung. Zur Wiederentdeckung ihrer kulturellen Identität gehört der Kampf für Naturschutzanliegen und die Rückkehr der Bisons. Auf ihrem Land in den Reservaten züchten sie eigene Herden. Jedes Jahr im Herbst werden überschüssige Tiere, meist Bullen, aus den Herden genommen, um die Population in Grenzen zu halten und Überweidung zu vermeiden. Ein Teil dieser Tiere dient dem Eigenbedarf der Stämme und wird geschlachtet und wie in alten Zeiten verwertet. Als Frischfleischlieferant sowie für Jerky und Pemmikan. Neben den begehrten Fellen, die in herkömmlicher Art und Weise gegerbt werden, fertigt man Gegenstände für zeremonielle Zwecke und traditionelle Kleidung für Zeremonien und Powwows an.

Die restlichen Tiere werden auch außerhalb des Reservats verkauft, da Bisonfleisch in den USA hoch im Kurs steht und gute Preise bringt. Einige Tiere gehen in Zucht auf eine der vielen Bison-Ranches der USA. Nach Schätzungen leben heute in den USA auf über 4.000 km² Indianerland etwa 20.000 Bisons.

Im Schutz des Yellowstone-Nationalparks überlebten als größte Herde damals 200 Tiere. Dank der Gründung dieses Parks im Jahr 1872 sowie des Wood-Buffalo-Nationalparks im Jahr 1922 erhielten die Bisons noch rechtzeitig Rückzugsgebiete. Der Yellowstone-Nationalpark, in dem heute knapp 5.000 Tiere leben, ist der einzige Ort, an dem seit der Urzeit diese Tiere durchgängig zu finden sind.

Seit Mai 2016 gilt der Bison durch den *National Bison Legacy Act* neben dem Weißkopfseeadler als Nationaltier der USA.

Die Situation der Stämme heute

Erst im Jahr 1924 erhielten die in den USA lebenden Ureinwohner mit dem *Indian Citizenship Act* endlich die Wahl- und Bürgerrechte der USA. Vorher wurde das nur den Indianern zugestanden, die „die Gewohnheiten des zivilisierten Lebens angenommen hatten" und getrennt vom Stamm lebten. Zu dem Zeitpunkt zählten alle Stämme zusammen nur noch 250.000 Angehörige.
Zwischen 1940 und 1960 verfolgte der Kongress in Washington das Ziel, die Stämme für erloschen zu erklären. Dazu lockte man die Familien z. B. mit kostenlosen neuen Häusern außerhalb der Reservate und Stammesgebiete. Allerdings mussten Strom, Gas sowie alle weiteren mit einem Haus verbundenen Kosten und auch alle Lebenshaltungskosten dann von ihnen selbst bezahlt werden, was man ihnen jedoch nicht vorher sagte. Im Reservat war der Staat verpflichtet für ihre Lebenshaltung aufzukommen.
Hatten sie einmal unterschrieben, gab es kein Zurück mehr. Konnten sie nicht zahlen, wurden sie quasi zwangsweise in städtische Gebiete umgesiedelt, um endlich „produktive" Mitglieder der Gesellschaft zu werden und sie von ihren Stammesgemeinschaften zu isolieren. Schlecht bezahlte Jobs und höhere Ausgaben, verbunden mit der Unmöglichkeit, zurückzukehren, brachten viele in große Schwierigkeiten, was oft in Alkoholsucht endete. Heute leben 78 % der amerikanischen Ureinwohner außerhalb von Reservaten und 72 % in städtischen oder vorstädtischen Umgebungen.
Ab Ende der 60er Jahre konnten Gruppen wie das *American Indian Movement* größere Eigenständigkeit durchsetzen. Die Stämme in den Reservaten sind heutzutage souverän und unterliegen den meisten Bundesgesetzen nicht mehr. Man kümmert sich selbst um reservatsbezogene Angelegenheiten, ist jedoch in der Regel auf die von der Regierung garantierte finanzielle Unterstützung angewiesen. Trotzdem ist die Armut in denjenigen Reservaten zuhause, in denen keine Einnahmen mit eigenen Wirtschaftsunternehmen erzielt werden.

In den Vereinigten Staaten leben heute mehr als 550 anerkannte Stämme.
64 Stämme sind allein im indianischen Schmelztiegel Oklahoma vertreten, 37 davon als anerkannte „Nations". Inzwischen wächst die indigene Bevölkerung wieder.
Mit knapp 335.000 Stammesangehörigen sind die Navajo die größte indianische Nation mit einem geschlossenen Siedlungsgebiet. Ihr heutiges Reservat

umfasst rund 71.000 km², in etwa die Größe von Bayern. Bekannt wurden die Navajo insbesondere durch den 2. Weltkrieg, in dem sie ihre Sprache zur Verschlüsselung verwendeten.

Die Cherokee sind mit 450.000 Stammesmitgliedern weltweit der zahlenmäßig größte Stamm. Mehr als 141.000 Cherokee leben auf den Stammesgebieten im Nordosten Oklahomas.

Laut U.S. Census Bureau betrug 2021 der Anteil der Ureinwohner an der Gesamtbevölkerung der USA 2,6 % – 8,75 Millionen Menschen. Die meisten Ureinwohner leben im Bundesstaat Alaska, danach folgen South Dakota, Oklahoma und New Mexico.

Die Arbeitslosigkeit ist wesentlich höher als beim Rest der Bevölkerung, die Armut sogar doppelt so hoch. Die medizinische Versorgung bei den nicht so wohlhabenden Stämmen sieht schlecht aus. Die Lebenserwartung liegt einige Jahre unter dem US-Durchschnitt.

Und selbst jetzt im 21. Jahrhundert sind etliche Differenzen zwischen Washington und einigen Stämmen noch nicht beigelegt. Denn noch immer werden Zugriffe auf Reservatsland oder Heiliges Land geduldet, wenn nicht sogar unterstützt.

Nach Jahrzehnten der Entmündigung und bürokratischen Schwierigkeiten besinnen sich die Indianer jedoch inzwischen immer stärker auf ihre eigenen Fähigkeiten. Eine Inschrift an einem stammeseigenen College in Süd-Dakota sagt deutlich:

„Wa wo ici ya" – wir können es selbst regeln

Die neue Generation der Ureinwohner bereitet sich durch qualifizierte Ausbildung darauf vor, ihr Schicksal selbst zu lenken. Heute besitzen viele Stämme, welche die Möglichkeit hatten, Wirtschaftsunternehmen auf ihrem Land zu gründen, eigene Schulen und eigene Colleges, an denen auch ihre Stammessprachen gelehrt werden. 70 % der Navajo sind noch ihrer Sprache mächtig,

während einige Sprachen kleinerer Stämme teilweise schon ganz verschwunden sind.
Andere Stämme leben in bitterster Armut. So wie beispielsweise mehr als die Hälfte der Oglala Lakota Familien im Pine Ridge Reservat. Die Arbeitslosigkeit beträgt dort rund 80 %. Alkoholismus und Drogenkonsum sind weit verbreitet. Die Suizid-Rate ist aufgrund der Hoffnungslosigkeit bei Jugendlichen erschreckend hoch.
Doch trotz aller Widrigkeiten haben die Stämme ihre Kultur jedoch nicht nur bewahrt, sondern pflegen sie inzwischen selbstbewusst. Dazu gehören nicht nur Tänze, Zeremonien, traditionelle Kleidung und alte Rezepte, sondern auch alte Bräuche. So sehen die Nachkommen der kriegerischen Reiterstämme im Dienst bei der amerikanischen Armee in der heutigen Zeit eine Möglichkeit, die alten Ideale wie Tapferkeit und Mut beweisen zu können. Die Armeeangehörigen und Veteranen werden, wie die Krieger in alten Zeiten, insbesondere am Wochenende vor dem Memorial Day bei tagelangen Powwows mit zeremoniellen Tänzen und traditionellen Speisen geehrt.

Das seit 1987 alljährlich im Juni in Oklahoma-City stattfindende Red Earth Festival hat sich zur größten Kulturveranstaltung der Ureinwohner Nordamerikas entwickelt. Bei der Eröffnungsparade durch Oklahoma-City zeigen sich Reiter und Fußgänger in ihrer Stammeskleidung. Höhepunkt sind täglich stattfindende Tanzwettbewerbe begleitet von kehligem Gesang und rhythmischen Schlägen der „Drums". Tanz, Gesang, Drums, Kleidung sowie auch kunsthandwerkliche Arbeiten werden von einer Jury bewertet.
Die wohl älteste Veranstaltung, zu der ebenfalls Teilnehmer und Zuschauer vieler Stämme, auch aus nördlichen Regionen der USA, anreisen, ist das *Gallup Inter-Tribal Indian Ceremonial Rodeo* im Red Rock State Park bei Gallup/New Mexico, das 1922 zum ersten Mal stattfand.

Einnahmen durch Wirtschaftsbetriebe

In vielen Reservaten sind Tourismus und Glücksspiel die Haupteinnahmequellen. Indianern ist durch ihre rechtliche Sonderstellung nach dem Gesetz von 1988, dem *Indian Gaming Regulatory Act*, erlaubt, auf ihrem Stammesgebiet Glücksspieleinrichtungen zu betreiben. Mehr als 200 Stämme profitieren inzwischen von dem Gesetz und besitzen Spielcasinos, denen häufig Hotels angeschlossen sind. Stämme mit attraktiven Naturlandschaften oder Skigebieten laden zu Kurzurlauben ein oder betreiben Tankstellen usw. Etwas, das ursprünglich gesetzlich verboten war.

Die Mescalero und Jicarilla haben sich in den Bereichen Holzhandel, Viehzucht, Öl und Tourismus als geschickte Geschäftsleute erwiesen. Sie gelten als die fortschrittlichsten und wirtschaftlich am besten abgesicherten Stämme der USA.

Allerdings wächst weißer Widerstand, denn die Stämme genießen nicht nur Steuerfreiheit für Umsätze, die sie auf ihrem Land erwirtschaften, sondern zeigen mit ihren traditionellen Handlungsmustern ein „unamerikanisches Geschäftsgebaren". Etwas, das insbesondere großen Konzernen ein Dorn im Auge ist, denn die indianischen Betriebe lassen sich nicht „schlucken".

Karriere misst sich bei Indianern nicht am Jahresumsatz, sondern an den Taten, die ein Einzelner für seinen Stamm erbringt. Sie verstehen sich in erster Linie als Cherokee, Navajo, Apache oder Sioux und, falls überhaupt, erst lange danach als Amerikaner.

Aus den Gewinnen der Casinos und anderen Wirtschaftsbetrieben werden Krankenhäuser, Gesundheitsdienste, Schulen, Colleges sowie Hilfen für Bedürftige und Museen, die ihre Stammesgeschichte erzählen, finanziert.

Früher musste der ganze Stamm zusammenlegen, um seine intelligentesten jungen Leute auf Colleges und Universitäten zu schicken. Heute sichern die Einnahmen aus den stammeseigenen Unternehmen die Ausbildungen für Rechtsanwälte, Ärzte, Lehrer und andere wichtige Berufe, die dringend für die eigene Unabhängigkeit benötigt werden.

Allerdings hat leider nicht einmal die Hälfte der Stämme Anteil an diesem Erfolg. Die Mehrheit lebt entweder geografisch zu abgelegen, kann Casinobetriebe mit ihren Traditionen nicht vereinbaren oder möchte keine Fremden auf ihrem Territorium.

Entschädigungszahlungen

Das Land der meisten Stämme gehört dem Staat, nicht den Ureinwohnern, wie es versprochen wurde. Man muss sie lediglich für die Nutzung von Stammesland und von ihnen bewohnten Reservaten entschädigen. Mehrfach haben Stämme gegen den amerikanischen Staat geklagt, Recht bekommen und hohe Entschädigungszahlungen erhalten. Es ging dabei vor allem um die Nutzung von Stammesland für Ölförderung oder andere Bodenschätze.
Das Nutzungsgeld wurde zwar in Treuhänderfonds eingezahlt, ihnen jedoch vorenthalten. Der amerikanische Staat wurde zu hohen Entschädigungszahlungen verurteilt. 2010 zahlte die amerikanische Regierung zwei Milliarden Dollar, die an 80 Stämme gingen. 2012 erhielten 41 Stämme eine Summe von einer Milliarde Dollar, 2014 erstritten die Navajo 554 Millionen Dollar.
Nach wie vor ist die indigene Bevölkerung nicht gegen die Ausbeutung ihres Landes geschützt, wie man beim Bau der Ölpipeline durch das Heilige Land der Sioux in Nord-Dakota gesehen hat. Die Pipeline führt nicht nur durch heilige Stätten, sondern die Sioux befürchten, dass bei einem Leck ihre Trinkwasserreservoirs vergiftet werden könnten. Die Proteste des Stammes gegen den Bau der Pipeline auf ihrem Land machten zwar weltweit Schlagzeilen, hielten das Projekt aber nicht auf.
Der Streit um die Black Hills ist bis heute nicht beigelegt, obwohl ein US-Gericht 1980 den ursprünglichen Vertrag von 1868 in Fort Laramie für gültig befunden hat.

Deb Haaland – ein Lichtblick

März 2021 wurde Deb Haaland, aus Laguna Pueblo stammend, als erstes indigenes Kabinettsmitglied in der Geschichte der Vereinigten Staaten in Washington als Innenministerin vereidigt.
Damit ist nun endlich eine Ministerin für die Ureinwohner zuständig, die deren Erfahrungen und Interessen kennt und ernst nimmt. Dem Innenministerium untersteht die für Indianerfragen wichtigste Behörde, das *Bureau of Indian Affairs*. Es ist für die 5,4 Millionen Ureinwohner und die 574 von der Bundesregierung anerkannten Stämme, die in 326 Reservaten leben, zuständig.
Die Ernennung Haalands zur Innenministerin gilt auch als Absage an die Öl- und Gasindustrie, geschütztes Land weiter auszubeuten. Denn in dieser Rolle untersteht ihr der Schutz und die Verwaltung der riesigen Staatsländereien. Darunter Nationalparks und die Reservate der Urbevölkerung. In einer etwas widersprüchlichen

Doppelfunktion hat das Ministerium für den Schutz der Naturgebiete zu sorgen, entscheidet aber auch über die Ausbeutung von Bodenschätzen.
Bei der Ablegung des Amtseides trug Deb Haaland die Insignien ihrer Vorfahren. Der Regenbogenrock repräsentierte die Matriarchinnen, die ihr den Weg geebnet haben. Die Libellenohrringe kamen von den Laguna, der indigenen Gruppe im US-Bundesstaat New Mexico, der sie entstammt. Die Türkis-Kette symbolisierte ihre spirituellen Wurzeln. Die hoch geschnürten Kalbsledermokassins standen für alle Indianer; Haaland hatte sie um ihre Waden gewickelt, ein Ritual, das Generationen zurückreicht.
In den Reservaten hatte man sich nie Illusionen über die Bürokraten im fernen Washington gemacht. Ein Vertreter der Sioux kommentierte die Ernennung so: „Das Innenministerium war dazu da, drei Dinge zu verwalten: Land, Tiere und Indianer.“ Und fügte hinzu: „Doch heute ist ein guter Tag für die Urvölker“.

Ursprüngliche Lebensweise der Stämme

Es existieren wesentlich mehr als die im Folgenden aufgeführten Stämme. Diese hier sollen lediglich als Beispiel für andere Stämme mit ähnlicher Lebensweise dienen. Eine Übersicht der Stämme ist einigen Karten weiter vorn im Buch zu entnehmen.

Stämme des Südwestens

Die Bewohner dieser extrem niederschlagsarmen Region, wie die Pueblo-Stämme und die puebloverwandten Zuni und Hopi, lebten in Dörfern (span. Pueblo) mit festen, teilweise mehrstöckigen Bauten. Die fundierten Pflanzenkenntnisse ihrer Vorfahren, den Anazasi, die teilweise in großen

Städten in Lehm- und Steinbauten mit mehreren Etagen wohnten, ermöglichten ihnen ein Überleben in dieser trockenen Einöde. Sie betrieben Landwirtschaft, deren Haupterzeugnisse Mais, Bohnen und Kürbis waren. → *Three Sisters*
Zur Erweiterung der Speisekarte sammelten die Frauen Beeren, Nüsse, Wurzeln, wilde Kartoffeln, Kakteenblätter und -früchte und Kräuter. Fleisch aus der Jagd auf Bison, Hirsch, Gabelbock und Bighornschaf rundete das Nahrungsangebot ab. Mit der Ankunft der Spanier erweiterten sich die landwirtschaftlichen Nutzpflanzen um Chilischoten, Aprikosen, Tomaten und Melonen. Schweine kamen als Nutztiere zu den seit jeher domestizierten Truthähnen hinzu.

Der kuppelförmige Lehmbackofen, der „Horno", ein unverwechselbares Kennzeichen des Pueblo-Stils in New Mexico, kam ebenfalls erst mit den spanischen Eroberern in den Südwesten. In einigen Pueblos, die teilweise zum Weltkulturerbe gehören, scheint es, als sei die Zeit stehen geblieben. Ihre Bewohner leben bis auf wenige Neuerungen so, wie es seit Jahrhunderten Tradition ist.

Die Pueblos Santa Clara, Taos und Acoma, die sicherlich zu den bekanntesten gehören, sind berühmt für ihre kunstvollen Töpfer- und Korbwaren, ebenfalls ein Erbe der Anazasi. Die Silberschmiedekunst übernahmen die Hopi und Zuni von den Navajo, die ihre Silberarbeiten, aber auch Silber, bei diesen Stämmen gegen Muschelperlen und Türkise eintauschten.

Die halbsesshaften Navajo in Arizona und die Apache im westlichen Texas und New Mexico zählen zu den weiteren Bewohnern der Region, allerdings mit einer anderen Lebensweise als die Pueblo-Bewohner. Sie sammelten Wildpflanzen und jagten Kleinwild, Wildschafe und Hirsche. Ihre Hogans sind Rundhäuser mit kuppelförmigen Dächern aus Stein- oder Bretterrahmen, deren Lücken mit Lehm oder Adobeziegeln ausgefüllt sind. Nach Ankunft der Spanier wurden die Navajo zu berittenen Schafzüchtern, die ihren Mais selbst anbauten und Handel mit den Pueblo-Stämmen und den Spaniern trieben. Sie übernahmen von den Spaniern die Webkunst sowie von den Mexikanern die Silberbearbeitung. Ihre kunstvollen Webarbeiten und der prunkvolle mit Türkisen verzierte Silberschmuck sind heute weltberühmt.

In New Mexico, Colorado und Südwest-Texas waren verschiedene umherziehende Apache-Stämme zu finden: Mescalero, Chiricahua, Jicarilla und Western Apache. Diese ernährten sich von Kleinwild und Wildpflanzen. Gelegentlich bauten Apache auch Mais an. Sie lebten in einfachen Tipis oder Wikiups, kuppelförmigen Hütten aus mit Fellen oder geflochtenen Grasmatten überzogenen biegsamen Ästen.

Die Frauen der Mescalero-Apache sammelten die süßen Früchte der breitblättrigen Yucca und bereiteten aus dem Herzen der Mescal-Pflanze ein Grundnahrungsmittel zu. Daher nannten die Spanier sie Mescalero, „Menschen, die Mescal“ essen.

Da die Lebensweise der Apache nur wenig Vorratshaltung zuließ, gingen sie im Winter regelmäßig auf Raubzüge, um Vieh und andere Lebensmittel bei den Pueblo-Stämmen zu erbeuten. Ab Mitte des 18. Jahrhunderts war das Pferd ein begehrtes Fortbewegungsmittel dafür.

Nomadenstämme der Plains

Die großen Bisonherden waren die wichtigste Nahrungsquelle der reitenden Nomaden, die über die Graslandschaften streiften. Sie richteten ihre Wanderungen nach deren Bewegungen und lebten teilweise in kunstvoll gearbeiteten Tipis aus Bisonhäuten.

Der Bison lieferte ihnen fast alles, was sie zum Leben brauchten. War es in früherer Zeit sehr mühsam, den mächtigen Tieren zu Fuß nachzustellen, veränderte das Pferd die Jagdtechniken nachhaltig. Speziell für die Bisonjagd trainierte Pferde kamen zum Einsatz, wenn oft hunderte von Männern aus ihren Sommerlagern aufbrachen, um Nahrung für den Winter zu erlegen. Das Enthäuten und Zerteilen war Aufgabe der Frauen. Nichts wurde weggeworfen. Fleisch, das nicht sofort verbraucht wurde, verarbeitete man zu Jerky oder Pemmikan. Aus Sehnen wurden Nähgarn oder Bogensehnen, aus Knochen Pfeilspitzen, Nähnadeln, Löffel oder andere Gebrauchsgegenstände hergestellt.

Neben dem Bison fanden sich Hirsche, Bighornschafe, Gabelböcke, Wachteln, Präriehühner und andere Vögel, Kaninchen, Bären, Fische und noch etliches mehr auf der recht abwechslungsreichen Speisekarte wieder.

Das Sammeln von Wildpflanzen bzw. deren Früchten spielte eine große Rolle in der Ernährung der indianischen Bevölkerung. Die Frauen sammelten Beeren, Baumfrüchte, Gemüse wie Prärierüben, Wurzeln, Pilze oder wilde Zwiebeln, Nüsse und Eicheln. Mais, Bohnen, Kürbisse, Sonnenblumenkerne oder auch Tabak tauschten sie bei den sesshaften, Landwirtschaft betreibenden Stämmen gegen Dörrfleisch, gegerbte Häute oder auch kunstvoll gearbeitete Kleidung ein.

Während die sesshaften Indianer bereits in früheren Zeiten über feste Feuerstellen und Backöfen verfügten, waren die Kochgeräte der nomadisierenden Indianer, die den Bisonherden folgten, sehr beschränkt und meist aus leichtem, wegwerfbarem Naturmaterial hergestellt. Als „Topf" wurden Bisonmägen verwendet oder ein entsprechend großes Hautstück, das an vier Enden an vier Stangen befestigt wurde. Die Hitze wurde dadurch erzeugt, dass heiße Steine mit einem speziellen Gerät aus Holz in den Beutel gelegt und immer wieder ausgetauscht wurden. War dieser „Kochtopf" nach wenigen Tagen durchlässig, wurde er aufgegessen.
Durch Handel mit den Weißen kamen die Indianer später in den Besitz von Töpfen aus Kupfer oder Eisen, die das Kochen vereinfachten. Ein solcher Topf oder Kessel wurde als sehr wertvoller Besitz der Familie angesehen.
Eintöpfe stellten die einfachste Art der Nahrungszubereitung von Fleisch und Gemüse dar, denn meist war nur eine Feuerstelle oder ein Topf pro Familie vorhanden.

Halbsesshafte und sesshafte Stämme der Plains

Wie alle Indianerstämme Nordamerikas ergänzten auch die sesshaften und halbsesshaften Plains-Stämme ihren Speiseplan zusätzlich durch das Sammeln von Wildpflanzen, Früchten, Pilzen und Erdknollen jeder Art, bzw. was in ihrer jeweiligen Region wuchs, auf.

Die halbsesshaften Pawnee lebten in den Central Plains (Nebraska) in Prärie-Erdhütten. Entlang der Flusstäler der Prärie betrieben sie Feldbau und ergänzten ihre Nahrung durch saisonale Jagd. Mitte Juni brachen sie zur Sommerjagd auf Bisons auf und kehrten im September zur Ernte zurück in ihre Dörfer. War Ende Oktober die Ernte für den Winter eingelagert, gingen sie auf Winterjagd. Ebenso wie andere sesshafte oder halbsesshafte Plains-Stämme überfielen sie die Lager der Nomadenstämme, hauptsächlich um sich Pferde zu beschaffen. Viele Pawnee-Krieger dienten in der US-Armee während der Kriege gegen die Plains-Indianer (1865 bis 1890) als Scouts, um ihre traditionellen Feinde aufzuspüren und zu bekämpfen.

Die Lebensgrundlagen der Mandan und Hidatsa, die in den nördlichen Plains zuhause waren, waren in erster Linie Maisanbau, Bohnen, Kürbisse und Sonnenblumen. Ihre Behausungen bestanden aus großen runden, blockhausähnlichen Erdhütten. Diese waren etwas im Boden versenkt, mit Erde abgedeckt und bewachsen, sodass sie von Weitem schwer auszumachen waren.
Die gut getarnten Erdhügel waren groß genug, um das Lieblingspferd mit hineinnehmen zu können. Die Mandan fertigten im Unterschied zu anderen Plains-Stämmen Töpferarbeiten an.
Die Osage, vormals in Kansas ansässig, lebten in Dörfern und bauten hauptsächlich Mais an. Neben der Kleinjagd brachen sie jedes Jahr zur Bisonjagd in die nördliche Prärie auf, bei der sie einfache, leicht transportierbare Tipis als Unterkunft nutzten.

Sie galten bei ihren Nachbarn durchaus als kriegerisches Volk. 1870 wurden sie ins Indian Territory zwangsumgesiedelt.
Die Caddo Nation besteht aus einer Konföderation mehrerer südöstlicher Häuptlingstümer. Sie lebten in Regionen im heutigen Ost-Texas, West-Louisiana, West-Arkansas und im Südosten von Oklahoma. Die sesshaften Ackerbauern wohnten in kuppelförmigen mit dickem Gras belegten Hütten.

Die Caddo ernteten Mais, Bohnen, Kürbisse und Sonnenblumen. Ihr Nahrungsangebot ergänzten sie durch die Jagd auf Hirsche und Kleinwild und Fischfang. Im Sommer gehörte auch der Bison zu ihrer Beute. Zudem bauten sie Baumwolle an, die sie färbten und zu Stoffen verwebten und waren als geschickte Töpfer bekannt. Die Caddo in Texas förderten Salz aus unterirdischen Minen.
Nach mehreren Zwangsumsiedlungen fanden sie 1867 zusammen mit den Wichita auf der Wichita Reservation zwischen dem Washita River und Canadian River eine neue Heimat.
Die Wichita, ursprünglich aus der Region in Kansas, wurden ebenfalls nach Nord-Texas verdrängt. In ihrer neuen Heimat am Red River bewohnten sie Dörfer mit kuppelförmigen, bis zu vier Meter hohen Grashütten. Neben dem Anbau von Kürbis und Mais jagten sie nicht nur Kleinwild, sondern gingen anfangs auch auf Bisonjagd. Als später die Kiowa in ihre Region zogen, lieferten die auf Jagd spezialisierten Kiowa nicht nur das benötigte Dörrfleisch und Bisonfelle gegen landwirtschaftliche Produkte. Sie boten den Wichita auch Schutz.

Die Wichita wurden 1859 von Texanern in ein Reservat im Indian Territory Oklahoma vertrieben.
Die weniger bekannten Tonkawa waren zwar in Südost-Texas beheimatet, hatten jedoch kulturelle Elemente anderer Stämme wie die der Caddo, den nördlichen Apache sowie der Comanche übernommen. Sie wohnten in kuppelförmigen Strohhütten und deckten ihren Nahrungsbedarf durch Maisanbau und Jagd. Aus religiösen Gründen zelebrierten sie Kannibalismus und wurden deshalb von ihren Nachbarstämmen und den Texanern fast ausgerottet. 1857 brachte man die letzten Tonkawa ins Indian Territory.
Eine Indianerzählung 1944 in Oklahoma wies nur noch 56 Stammesangehörige auf, ihre Sprache ist ausgestorben, die meisten Tänze und Gesänge der Tonkawa verloren.

Ingredienzien und Küchentipps

Die göttlichen drei Schwestern

*Bohnen, Kürbis und Mais nehmen im Leben der Indianer eine besondere Rolle ein. Sie werden als die **„Göttlichen drei Schwestern“** bezeichnet. Die breiten Blätter des Kürbisses hielten das Unkraut kurz. Die Bohnen, richtig gesteckt, rankten von selbst an den kräftigen Stängeln des Maises hoch.*
Sieht man solche Pflanzgärten zum ersten Mal, mag es für den Europäer, der geordnete Anpflanzungen gewohnt ist, sehr chaotisch aussehen. Doch es war und ist die einzig denkbare Form des Ackerbaus in den dortigen Regionen.

Bohnen

Je nach Region bauten die Indianer verschiedene Bohnensorten an: weiße Bohnen, schwarze Bohnen, Pinto- und Kidneybohnen sowie die Black-Eyed Peas. Die Bohnen wurden geerntet, wenn die Kerne hart waren, und konnten getrocknet unbedenklich in luftigen Behältern lange aufbewahrt werden.

Kürbis – Squash

Die Indianer züchteten eine Vielzahl verschiedener Kürbis-Sorten. Sie schätzten insbesondere eine Mischform aus Kürbis und Melone, die als Squash bezeichnet wird und viele Unterarten hat.
Während das Fruchtfleisch und die Samenkörner zur Zubereitung der verschiedensten Gerichte verwendet wurden, diente die Schale zur Herstellung von Schüsseln, Schöpfkellen, Löffeln, Rasseln und Vorratsbehältern. Oft band man die Frucht während des Wachstums ein, um eine bestimmte Form zu erhalten.

Mais

Mais zählte bereits 3000 vor Chr. in Mexiko zu den Grundnahrungsmitteln und wurde im Südwesten schon zu voreuropäischer Zeit u.a. zu Maisbier verarbeitet. Die Indianer kannten mehr als 500 verschiedene Sorten Mais. Der Geschmack reichte von salzig bis zuckersüß. Dazu unterschieden sich die einzelnen Sorten in Farbe (weiß, rot, gelb, schwarz, blau, braun, gesprenkelt, gestreift und gefleckt), Kolbenlänge und Kolbenform. Bei Navajo, Hopi und einigen anderen Stämmen gehört der Blaue Mais aufgrund seines Geschmacks und seines Nährwertes zu den wertvollsten Sorten.
Mais war den Indianern heilig. Deshalb wurde kein Teil der Pflanze verschwendet. Die Körner wurden auf verschiedenste Weise zubereitet, die Hüllblätter kamen beispielsweise bei der Herstellung von Maisbrötchen zur Verwendung, oder man machte aus ihnen Puppen für die Kinder. Die Stängel wurden an die Tiere verfüttert, und aus den grünen Kolben bereitete man süßes Gelee und Maissirup. Einige Stämme verwendeten Maiskörner für Kaffee.

Weitere Ingredienzen

Allspice → *Piment*

Cayenne-Pfeffer – Besteht aus fein gemahlenen, getrockneten Früchten der scharfen Chilisorte Cayenne. Scharf, scharf und nochmals scharf – so lässt sich das Aroma des rot-orangenen Pulvers am besten beschreiben. Daher sollte man, dem eigenen Geschmack entsprechend, sehr vorsichtig damit würzen. Charakteristisch ist der leicht rauchige, etwas bittere Geschmack. Seine feurige Schärfe tritt am stärksten in Verbindung mit Fleisch und Nüssen hervor.

Chili Gehört unabdingbar zur Küche des nordamerikanischen Südwestens und gilt dort quasi als Grundnahrungsmittel. Diese Gewürzpaprikaschote mit ihren mehr als 100 Sorten ist im Vergleich zur Gemüsepaprika nicht nur wesentlich kleiner und spitzer, sondern die Schärfe der verschiedenen Arten reicht von mild bis höllisch scharf. Ihre Länge variiert je nach Sorte von 2 bis 15 cm und einem Durchmesser von 1 bis 5 cm. Je größer die Chili, umso milder ist sie. Die Farben sind sehr unterschiedlich und reichen von Grün, Gelb, Orange und Rot bis zu Violett; je nach Reife und Sorte.

Die Schärfe ist hauptsächlich in den Samenkörnern enthalten, die vor der Verwendung entfernt werden müssen. Chili werden frisch, getrocknet oder auch geräuchert verwendet. Grün werden sie frisch verarbeitet. Rot, also reif, werden sie ebenfalls frisch verarbeitet, jedoch auch häufig getrocknet oder zu Pulver vermahlen.

Zu den bekanntesten Sorten zählen die milderen, schmalen, etwas spitzen Anaheim-Chili und die extrem scharfen Jalapeños.

→ *Küchentipps Chili.*

Chiliflocken – Getrocknete und gehackte Chili, deren Samen vorher nicht entfernt wurden. Die Flocken müssen vor dem Kochen nicht eingeweicht werden, sondern können sogar zum Nachwürzen bei Tisch verwendet werden.

Chilipulver – bezeichnet eine scharfe Gewürzmischung, die neben Cayennepfeffer noch weitere Gewürze enthält. Bei dem hierzulande angebotenen Chilipulver handelt es sich meist um eine Mischung aus Chili, Kreuzkümmel, Oregano, Salz, Knoblauch und anderen Gewürzen. Ist kein reines Chilipulver verfügbar, kann man es durchaus durch eine solche Mischung ersetzen.

Im Südwesten hütet fast jede Familie ihr uraltes eigenes Rezept bei dem → *Cayenne-Pfeffer*, schwarzer Pfeffer, Knoblauch sowie → *Koriander* zu den Grundzutaten zählen,

Chipotle → *Jalapeño*

Cranberry gehört zu den Heidekrautgewächsen und ist mit unseren Preisel- und Blaubeeren verwandt. Sie ist etwas milder als die Preiselbeere.

Erdnuss Ursprünglich aus Peru kommend wurde die Pflanze von den spanischen Eroberern in ihren anderen jenseits des Atlantiks liegenden Kolonien weiter verbreitet. Die zu den Hülsenfrüchten gehörende Erdnuss wächst als einjährige Pflanze ca. 60 cm hoch. Da ihre Früchte kein Licht vertragen, neigt sich die Pflanze nach der Blüte zur Erde und bohrt die an den Spitzen hängenden Fruchtknoten 5 cm oder tiefer in den Erdboden hinein.

Grüne Tomate – Die Grüne Tomate ist keine unreife rote Frucht, sondern eine eigene Sorte, die man in reifen Zustand ohne Bedenken frisch oder verarbeitet genießen kann. Dagegen sind grüne, unreife Tomaten bei roten Sorten mit Vorsicht zu genießen. Sie können zu Übelkeit und Erbrechen führen.

Hickory Die vor allem in Nordamerika vorkommenden Hickorybäume werden bis zu 30 m hoch und sind mit unseren Walnussbäumen verwandt. Der Name Hickory stammt von den Algonkin-Indianern.

Hickorybäume besitzen ein sehr hartes, aber biegsames Holz, das man gerne für Hammerstiele, Schlagzeugschlegel, Schießbogen, bis Mitte des 20. Jahrhunderts auch für Golfschläger usw. verwendete. Der würzige Geruch von verbranntem Hickory-Holz gehört am Abend zu den typischen Düften des Südwestens.

Hickorysalz – Über Holz geräuchertes Salz. Es verleiht Gerichten einen rauchigen, schinkenartigen Geschmack.

Jalapeño – Glatthäutige, meist grün geerntete, 7 bis 8 cm lange, an der Spitze deutlich abgerundete, dickfleischige und scharfe Chili-Art. Alle Chilischoten mit relativ viel Fruchtfleisch lassen sich nicht durch Trocknen konservieren. Sie müssen deshalb geräuchert werden, um sie haltbar zu machen. Chipotles sind keine eigene Sorte, sondern bezeichnen vorzugsweise über Mesquite-Holz getrocknete reife, rote Jalapeños mit einem typischen, rauchigen Aroma. Sie werden bevorzugt für Bohnen-Eintöpfe verwendet.

Koriander – Cilantro wurde 1670 von den Spaniern auf dem neuen Kontinent eingeführt und ist heute aus dem Südwesten der USA nicht mehr wegzudenken. Korianderkraut ähnelt im Aussehen etwas der Petersilie und wird wegen seines kräftigen, moschusartigen, zitronenähnlichen Aromas dort gerne verwendet.

Korianderpulver wird aus den getrockneten Samen des Korianders hergestellt, sodass ein erheblicher Geschmacksunterschied zwischen frischem Koriander und Korianderpulver besteht.

Melasse Ein zäher, dunkelbrauner Zuckersirup, der als Nebenerzeugnis der Zuckerproduktion aus Zuckerrohr und Zuckerrüben entsteht. Die lakritzartig schmeckende Melasse eignet sich nicht nur als Brotaufstrich und zum Süßen von Speisen, sondern wird auch als Heilmittel verwendet.

Pecannuss – Der bis zu 60 Meter hohe Pecanbaum ist im Südwesten der USA westen der USA heimisch und seit 1919 der offizielle Staatsbaum von Texas. Pecans, von den Indianern „Krachende Nuss“ genannt, können notfalls durch Walnüsse ersetzt werden, die allerdings bei weitem nicht an die Würzigkeit des Pecan-Aromas heranreichen.

Persimone – Die Persimone, auch Dattelpflaume genannt, wurde von den Indianern auf vielfältige Art verwendet: getrocknet, gekocht, in Brot oder Kuchen. Die unreifen, grünen Früchte sind sehr bitter. Reif und weich geworden, schmecken sie sehr pikant.

Piment Der wärmeliebende, 6 bis 12 Meter hohe Pimentbaum stammt ursprünglich von den Westindischen Inseln und aus Mittelamerika. Durch die Kolonisierung verbreitete sich das Gewürz rasch in Nordamerika. Grund war sein außergewöhnliches Aroma, das eine Mischung aus Pfeffer, Zimt, Muskatnuss und Nelke zu sein scheint. Piment wird auch als Nelkenpfeffer bezeichnet und in Nordamerika aufgrund seiner vielfältigen Verwendbarkeit „Allspice“ genannt.
Wichtig: Sparsam würzen, denn bereits wenig Piment verfügt über viel Geschmack. →*Piment Seite 52*

Pinienkerne – Pinien sind robuste, immergrüne und langsam wachsende Nadelbäume und produzieren alle paar Jahre Rekordernten ihrer Samen. Sobald die Pinienzapfen sich öffnen, fallen die schmackhaften Kerne heraus. Die nordamerikanischen Indianerstämme verwendeten Pinienkerne nicht nur als Nahrungsmittel, sondern auch als Heilmittel. Sie sammelten die Zapfen und trockneten die Samen. Beim Trocknen der Samen springt die harte Schale auf und der Kern kann geerntet werden. Da Pinien erst nach ca. 40 Jahren Früchte tragen, sind die alten Baumbestände sehr wertvoll für die Indianer.

Süßkartoffeln – Diese meist rötliche, zuckerhaltige Wurzelknolle, die botanisch nicht mit der Kartoffel verwandt ist, kann ein Gewicht von bis zu einem Kilo erreichen und schmeckt mehlig-süß. Ihre Farbe variiert sowohl außen als auch innen und reicht in der Färbung von weiß, gelb, orange, rosa bis violett.

Topinambur – Die besonders nahrhafte, geschmacklich leicht nussig bis süßlich schmeckende Topinambur-Knolle, auch „Prärie-Kartoffel genannt, wird im Spätherbst geerntet. Sie ist typisch für die indianische Küche und man kann sie sowohl roh als auch gekocht verzehren. Die Pflanze verträgt Temperaturen bis weit unter den Gefrierpunkt.

Wildreis Wilder Reis gehört aus botanischer Sicht nicht zu den Reispflanzen, sondern ist eine Rispengras genannte Wasserpflanze. Wildreis war eines der Hauptnahrungsmittel der an Seen und Flüssen lebenden Indianer, die die Samen der bis zu 1,20 m hohen Gräser vom Kanu aus mühevoll ernten mussten. Der wilde Reis kann nur wenige Tage im Jahr geerntet werden und stellt heute wie damals eine höchst lukrative Einnahmequelle der entsprechenden Indianerstämme dar.

Küchentipps

In den alten Zeiten wie auch heute noch in abgelegenen Regionen war/ist Einfallsreichtum gefragt, wenn nicht alle Zutaten zur Hand sind. Was nicht da ist, wird durch etwas Ähnliches ersetzt, auch wenn sich das Gericht dadurch geschmacklich etwas verändert. Das gilt nicht nur für Fleisch, Fisch oder Gemüse, sondern ebenso für benötigte Zutaten wie Gewürze, Mehl oder Speck, der beispielsweise durch ein anderes Backfett ersetzt werden kann.
Hier ein paar Tipps, wie man sich notfalls behelfen kann, bzw. Anwendungshinweise.

→Der Pfeil weist darauf hin, dass im Buch entsprechende Rezepte bzw. weitere Informationen zu dem genannten Begriff vorhanden sind.

Brot/Kuchen backen – Mit einem Holzstäbchen oder Ähnlichem kann man testen, ob das Brot durchgebacken ist. Befinden sich beim Einstechen keine Teigkrümel am Stäbchen, ist das Brot fertig.

Brauner Zucker – 30 ml Melasse und 100 g Zucker

Buttermilch – 240 ml Milch, 2 Teelöffel heller Essig oder Zitronensaft. Verrühren und bei Raumtemperatur 5 Minuten stehen lassen.

Chili Schärfe – Vorsichtiges Dosieren gilt für alle Rezepte, in denen →*Chili* enthalten ist. Sollte das Essen zu scharf geraten sein oder man hat womöglich in eine →*Jalapeño* gebissen, hilft es, ein wenig Käse zu essen, da dieser die Schärfe neutralisiert. Notfalls helfen auch Milch oder Buttermilch. Die Schärfe ist hauptsächlich in den Samenkörnern enthalten, die vor der Verwendung entfernt werden müssen. Zum Entkernen die Chilischoten der Länge nach aufschlitzen und mit einem scharfen Messer die Kerne rauskratzen.
Da die Kerne teilweise brennend scharf sind, ist es unabdingbar, danach die Hände mit kaltem Wasser zu waschen und keinesfalls die Augen zu reiben!

Cranberrys, getrocknete – 50 g getrocknete Cranberrys entsprechen 100 g frischer Früchte. Sie müssen über Nacht oder mehrere Stunden eingeweicht werden.

Getrocknetes Gemüse – Falls keine Zeit bleibt, getrocknetes Gemüse, wie Bohnen oder Mais, über Nacht einzuweichen, hilft folgendes Schnellverfahren: das Gemüse mit Wasser bedecken und aufkochen lassen. Anschließend mindestens eine Stunde lang quellen lassen.

Gewürzzweige – Sollten immer vor dem Servieren entfernt werden. Sie geben dem Gericht zwar Würze, schmecken jedoch beim Draufbeißen unangenehm.

Honig Die doppelte Menge Zucker verwenden.

Mais Mit Mais ist hier immer Zuckermais gemeint. Sollen Körner anstatt Kolben verwendet werden, stellt man den Kolben senkrecht und schneidet mit einem scharfen Messer am Kolbenkern nach unten die Körner ab. Ein Maiskolben ergibt je nach Größe 120 bis 180 Gramm Maiskörner.

Maismehl – Die doppelte Menge Weizenmehl verwenden.

Melasse Notfalls durch Zuckerrüben- oder Ahornsirup ersetzen, was allerdings zu einer entsprechenden Geschmacksänderung führt.

Pecannüsse – Durch Walnüsse ersetzen.

Petersilie – Kann durch Karotten-Grün ersetzt werden.

Pfeffer Damit ist immer frisch gemahlener schwarzer Pfeffer gemeint. Er kann durch eine geringe Menge des sehr scharfen Cayennepfeffers ersetzt wer-den.

Piment Als Alternative können Pfeffer, Gewürznelken, Zimt sowie Muskatnuss zu gleichen Teilen vermischt werden.

Sahne Durch Frischkäse ersetzen.

Schokolade – 60 g Kakao und 1 Teelöffel Öl

Sour Cream – 240 ml Milch, 1 Teelöffel heller Essig und 1 gestrichener Teelöffel Soda. Verrühren und kurz stehen lassen.

Zuckersirup – 60 g Zucker mit 480 ml Wasser vermischen und auf die Hälfte der Flüssigkeit zusammenkochen lassen.

Zwiebeln In Nordamerika sind Zwiebeln meist milder als die hiesigen Sorten. Es empfiehlt sich daher, für Gerichte aus diesem Buch eine milde Sorte zu wählen, wie beispielsweise die Spanische Gemüsezwiebel.

Wenn keine frischen Kräuter zur Hand sind

1 Esslöffel frische Kräuter = 1 Teelöffel getrocknete Kräuter

1 Esslöffel frische Kräuter = $^1/_3$ Teelöffel Kräuterpulver

Es handelt sich hier nur um eine Faustformel, da die Strukturen der einzelnen Kräuter unterschiedlich sind.

Maßeinheiten und Abkürzungen

TL	- Teelöffel - 5 ml	Msp.	- Messerspitze
EL	- Esslöffel - 15 ml - 3 TL	Pck.	- Päckchen
g	- Gramm		handelsübliche Größe für:
kg	- Kilogramm - 1.000 g		- Vanillezucker = 8 g
ml	- Milliliter		- Backpulver = 15 g
l	- Liter - 1.000 ml		

Wenn nicht anders angegeben, sind die Zutaten der Gerichte in der Regel für vier Personen gedacht.

Größe Konservendosen

klDo	= kleine Dose	unter 300 ml
miDo	= mittlere Dose	300 - 500 ml
grDo	= große Dose	500 - 800 ml

Temperaturen und Garzeiten

Die für ein Gericht tatsächlich benötigte Temperatur und Garzeit hängt von der jeweiligen Hitzequelle (Gaskocher, Elektroplatte, Gasgrill, Holzkohlegrill, Lagerfeuer oder auch Dutch Oven) ab. Daher handelt es sich bei den Angaben von Temperatur und Garzeiten in den Rezepten um Richtwerte, die über- oder unterschritten werden können. Das benutzte Kochgeschirr beeinflusst ebenfalls die Garzeiten. So leiten schwere Gusstöpfe und -pfannen die Wärme wesentlich besser als leichtere und sind weniger außentemperaturabhängig.

sehr niedrige Hitze	125 - 150 °C
niedrige Hitze	150 - 165 °C
gemäßigte Hitze	165 - 190 °C
mittlere Hitze	190 - 205 °C
heiß	205 - 230 °C
sehr heiß	230 - 260 °C

Ursprüngliche indianische Pflanzen und Gewürze

Wildpflanzen und anderes

Etliche Pflanzen aus den alten Stammesgebieten waren durch die Zwangsumsiedlungen in andere Regionen für viele Indianer unerreichbar bzw. wuchsen innerhalb des ihnen zugewiesenen Reservats nicht.

Zudem lernten sie unfreiwillig neue Lebensmittel, die mit den Einwanderern auf den Kontinent gekommen waren, kennen. Wie beispielsweise Weizen, der ihnen in den Reservaten aufgezwungen wurde und den viele der an Mais und Maismehl gewöhnten Menschen anfangs nicht vertrugen.

Notgedrungen passten die Indianer ihre Ernährung im Alltag den neuen Lebensbedingungen an, sodass Weizen nun seit etwa 150 Jahren ebenfalls Bestandteil ihrer Nahrung ist. Die Anpassung galt jedoch nicht für die alten traditionellen und zu Zeremonien gehörenden Speisen.

Heute können sie Nüsse, Gemüse oder Früchte aus ihrer ursprünglichen Heimat im Supermarkt kaufen, sodass diese wieder in ihren Rezepten zu finden sind. Einige Gerichte wurden auch durch eine moderne Variante ersetzt, die nicht ganz so zeitaufwändig ist wie bei ihren Ahnen.

Wenn möglich, werden jedoch auch heute noch Wildpflanzen gesammelt oder geerntet. Insbesondere als Heilpflanzen, aber auch als Nahrungsmittel. So beispielsweise der bei den Comanche beliebte „Polk Salad", der falsch zubereitet sogar giftig ist. Oder „Lamb's Quarter", das mit feingehackter Zwiebel und Speckstreifen in Fett gedünstet und mit ein wenig Essig und Salz gewürzt wird. Beide Gemüse werden in der Landwirtschaft als Unkraut bezeichnet.

Die Pueblo-Indianer sammeln wie ihre Vorfahren wilden „Curly Dock", eine Ampfer-Art. In wenig Wasser kurz aufgekocht und mit Salz, Pfeffer, etwas Essig oder Zitronensaft gewürzt und mit angebratenen Speckwürfeln bestreut, ein leckeres Gemüse. Die jungen Blätter verwenden die Pueblo roh für Salat.

Im Norden von New Mexico wächst eine Salbei-Art, die getrocknet wunderbar würzig riecht, dem offenen Feuer beigegeben wird, um Mücken zu vertreiben, als Gewürz dient und aus der ein Tee bei Erkältungskrankheiten gebraut wird. Ein bitterer Tee, der umso bitterer wird, je mehr man ihn süßt, wie mir eine junge Frau aus Taos Pueblo verriet.

Die Sprossen des Tumbleweeds, kugelige Büsche, die in den Western über das Land wehen, sind bei den Stämmen des Südwestens auch heute noch ein beliebtes Gemüse. Die Sprossen erscheinen nach dem ersten Sommerregen und wachsen sehr schnell. Sie werden gekocht und mit Butter oder kleinen Portionen Hammelfett gegessen. Sind die Sprossen noch sehr jung, werden sie roh gehackt und zu Salaten hinzugefügt.

Die Camas-Knolle oder Prärie-Lilie war früher ein Grundnahrungsmittel für einige Stämme der Plateau-Region der Plains. Die sehr zuckerhaltigen Knollen wurden geröstet, gekocht oder als Wintervorrat getrocknet. Am Spieß gegrillt entwickeln sie einen süßen, vanilleartigen Geschmack.

Auch Pilzgerichte jeder Art, die meist zusammen mit Wildzwiebeln, Vogeleiern und Kräutern zubereitet wurden, standen auf dem Speisezettel.

Agave

Die Agave war eines der wichtigsten Nahrungsmittel für die Bewohner Mittelamerikas und des Südwestens Nordamerikas. Agaven haben fleischige Blätter, brauchen mindestens sechs Jahre, wenn nicht länger, um heranzureifen, und blühen nur einmal im Leben.

Die Agave, in verschiedenen Sprachen als „Mescal" bezeichnet, diente als Nahrungsmittel. „Mezcal" mit „z" hingegen ist ein alkoholisches Getränk, das aus dem Fruchtfleisch der Pflanze hergestellt wird.

Die Pflanze dient nicht nur zur Herstellung von Alkohol, Sirup und Zucker. Sondern auch ihre Blütenknospen und Blätter lassen sich rösten oder backen und das Fruchtfleisch gewürfelt zu Gemüse verarbeiten. Mit Fett und Salz wurde das Gericht schmackhaft gemacht.

Agavenzucker ist reich an natürlichem Fruchtzucker und stellt eine gute Alternative zu Rohr- und Rübenzucker dar. Er ist auch wesentlich süßer als diese.

Chokecherry

Die auf dem nordamerikanischen Kontinent weit verbreitete an Sträuchern wachsende Chokecherry (Virginische Traubenkirsche) war eine wichtige Zutat bei der Herstellung von → *Pemmican*.

Da die Früchte sehr schwer zu entsteinen sind, wurden sie wie Rosinen getrocknet und mit den Kernen zu einem Pulver zermahlen, das dem Pemmican beigegeben wurde. Als Pulver war die Chokecherry zudem lange haltbar.

Die säuerlich schmeckenden Früchte wurden auch gern roh verzehrt oder zu Kompott und Marmelade eingekocht. Bei den Lakota war „canpá wójapi", eine Art Rote Grütze, ein traditionelles Gericht.

Essig

Essig stellte man aus dem Saft des Zuckerahorns oder der Birke her. Knospen, Zweige und der Saft ließ man in der Sonne gären. Anschließend wurde das Gebräu durch ein Tuch gesiebt. Wenn sich die Essigfliege dafür interessierte, war der Essig ausreichend vergoren.

Piment

Ursprünglich aus Mittelamerika kommend verbreitete sich der Pimentbaum auch in Nordamerika. Bereits die Azteken und Maya verwandten dieses Gewürz für kulinarische Zwecke und veredelten ihr Lieblingsgetränk Xocolatl, ein herbes, gewürztes Kakao-Getränk, damit. Die leuchtend roten Beeren des anspruchslosen, immergrünen Pimentbaumes wurden getrocknet und anschließend zu Pulver zerstoßen, das mit seinem breit gefächertes Aroma an eine Mischung aus Pfeffer, Muskat, Zimt und Gewürznelken erinnert.

Huflattich-Salz

Huflattich wächst häufig entlang von Bächen und in Sümpfen. Er blüht, bevor die Blätter, deren Blattunterseiten mit einem dichten Flaum bedeckt sind, erscheinen. Die Indianer formten die Blätter zu Kugeln, legten sie zum Trocknen in die Sonne, anschließend auf einen flachen Stein und verbrannten sie zu Asche. Diese Asche ist sehr salzig und ein guter Salzersatz, der wesentlich aromareicher ist als herkömmliches Salz.

Wilder Ingwer

Der in schattigen Wäldern wachsende wilde Ingwer, manchmal als kanadische Schlangenwurzel bezeichnet, wurde von den nördlichen Indianerstämmen häufig verwendet. Die schokoladenfarbigen Blätter und die Blüten werden gekocht, bis die Lösung auf die richtige Konsistenz reduziert ist und stark nach Ingwer riecht. Die Wurzel kann ebenfalls gekocht werden. Das Gebräu wird in beiden Fällen zum Verdunsten in die Sonne gestellt, bis sich am Boden des Gefäßes Pulver bildet, das wie gewöhnliches Ingwerpulver verwendet werden kann.

Holzasche

Durch Zugabe von Holzasche bei Mais oder auch anderen Gerichten erhöhten die Indianer den Mineralstoffgehalt einer Speise. Die Kochasche wird durch vollständiges Verbrennen von Hartholz, Sträuchern oder krautigen Pflanzen

hergestellt. Während die im Südosten ansässigen Stämme eher Hickory-Holz verwendeten, bevorzugten die Stämme des Südwestens Mesquite-Holz oder Wacholderzweige.
Holzasche wurde als Gewürz und Backtriebmittel verwendet.

Lorbeer

In Amerika wachsen verschiedene Arten der immergrünen Lorbeerbäume. Er gilt als Allround-Talent, denn er wird nicht nur zum Würzen von Speisen verwendet, sondern ihm werden zahlreiche gesundheitsfördernde Wirkungen zugeschrieben. Ob als Tee oder als Lorbeeröl.
Um die Blätter als Würzmittel zu verwenden, werden sie in der Sonne getrocknet, bis sie leicht zerbröseln, und anschließend zum Würzen von Füllungen, Fleisch und Suppen verwendet.

Minze

Wilden Minze, meist in Buschwerk und Wäldern wachsend, fanden unterschiedliche Verwendung. Man veränderte mit Minze den Geschmack von Lebensmitteln, bereitete Tee aus den Blättern zu oder verwendete Minze zur Herstellung von Essig.

Pfeffer

Früher als es in Nordamerika noch nicht den uns bekannten Pfeffer gab, verwendeten die Indianer zum Würzen scharfe Beeren verschiedener Pflanzen.

Senf

Die Samen der wilden schwarzen Senfpflanze wurden von den Indianern zum Würzen ihrer Speisen benutzt. Die gelbblütigen Pflanzen sind einjährig und können bis zu 2 Meter hoch werden. Die Samen aus den viereckigen Samenkapseln werden getrocknet und zu einem feinen Pulver gemahlen und anschließend wie gewöhnliches Senfpulver verwendet.

Sirup

Die Indianer kannten außer Honig auch verschiedene Sirup-Arten zum Süßen, je nach Region, in der sie beheimatet waren.
In nördlicheren Regionen zapfte man im Frühjahr nach dem Frost Ahornbäume und Birken an, um den aufsteigenden Saft zu gewinnen und ihn zu Sirup zu verarbeiten.
Im Südwesten gewann man das begehrte Süßmittel aus der Agave. Sie musste mindestens acht Jahre alt sein und durfte noch nicht geblüht haben. Der innere Kern der Agave wurde entfernt und aus dem dadurch entstandenen Loch konnte man fast ein halbes Jahr lang täglich bis zu einem Liter ihres süßen Saftes gewinnen. Wie auch bei der Herstellung von Ahorn- und Birkensirup wird der Saft viele Stunden erhitzt, bis er eindickt und Sirup entsteht.
Weitere Sirup-Arten sind Sorghumsirup und Maissirup. Sorghum ist ein zur Familie der Süßgräser zählendes Bartgras mit einem zuckerhaltigen Stängel. Es gedeiht gut in trockenen und warmen Regionen.
Maissirup wurde aus Maisstärke und Wasser durch langes Kochen hergestellt und meist noch mit Honig nachgesüßt.

Yucca

Die Yucca, wegen ihrer schönen weißen Blüten auch „Lord's Lamp" (Gottes-Lampe) genannt, ist die Staatsblume von New Mexico. Diese Wüstenpflanze, die im gesamten Südwesten der USA zu finden ist, besitzt schmale, schwertförmige Blätter und blüht jedes Jahr.
Die Wurzelknolle der Yucca schmeckt nicht nur gut, sie hat auch eine heilende Wirkung. Ihre Blätter wurden getrocknet und zu Körben verarbeitet.
Die Blütenblätter sind roh, kandiert, in Teig getaucht und frittiert auch heute noch äußerst beliebt. Die Früchte haben einen Kürbis- oder Gurkengeschmack, der durch Rösten und Grillen etwas süßlicher und gehaltvoller wird.

Süßigkeiten aus Yuccafrüchten

Die reifen Früchte werden mehrere Stunden bei niedriger Hitze im Ofen gebacken. Anschließend werden sie geschält, die Samen herausgenommen und das Fruchtfleisch zu einer Masse geknetet, die als Füllung für süßes Gebäck verwendet wird. Oder zu kleinen Kugeln geformt, die man an der Sonne trocknet und als Konfekt nascht.

Traditionelle Nahrungs-mittel

Haltbare Nahrungsmittel

Insbesondere bei nomadisierenden Stämmen waren getrocknete Vorräte unabdingbar, da sie wenig Platz einnahmen und notfalls nebenbei ohne Rast verspeist werden konnten.
Zusammen mit frischen Wildzwiebeln, Wildrüben und anderen Wurzeln sowie Kräutern ergaben Jerky oder Fleisch-Pemmikan nahrhafte, wohlschmeckende Suppen und Eintöpfe, die bereits kurze Zeit nach Errichtung eines Lagers fertig waren. Doch auch die sesshaften Stämme, wie beispielsweise die Pueblo-Indianer, Caddo oder Wichita, wussten Jerky zu schätzen und horteten es als Wintervorrat.

Jerky

Jerky, getrocknetes Bison-, Rind- oder Wildfleisch, war bei fast allen Indianer-Stämmen bekannt. Es sicherte ihnen neben anderen haltbaren Nahrungsmitteln das Überleben. Ob im Wintercamp oder als leicht zu transportierende Nahrung auf Raubzügen, bei denen es nicht möglich war zu jagen.
Die ursprüngliche, traditionelle Art Jerky herzustellen war, sehr dünn geschnittene Scheiben Fleisch für 3 bis 4 Tage in eine spezielle Würzmarinade einzulegen, um sie anschließend 2 Tage über dem Feuer zu räuchern. Dabei musste jeder Streifen so weit vom anderen entfernt sein, dass sie sich nicht berührten.
In den 60er Jahren des 19. Jahrhunderts, als Salz kommerziell hergestellt und in größeren Mengen gehandelt wurde, legte man das Fleisch kurz in eine Salzlake oder rieb es mit Salz ein. Anschließend wurde es auf eine Leine oder ein Gestell gehängt und 12 Stunden oder je nach Witterung und Luftfeuchtigkeit bis zu einer Woche getrocknet, bis dem Fleisch jede Flüssigkeit entzogen war.

Anschließend in dünne Streifen geschnitten war Jerky nicht nur nahrhaft sondern bot sich aufgrund seiner Haltbarkeit als unkomplizierte Wegzehrung auf der Jagd, auf Reisen und als Vorrat für schlechte Zeiten an.
Fertiges Jerky wurde in Säcken sowie anderen luftdurchlässigen Behältnissen an trockenen Plätzen aufbewahrt, um es vor Insekten und Schmutz zu schützen.

Modernes Beef-Jerky

Zur Herstellung von Beef Jerky eignet sich zartes, mageres Fleisch. Gern werden Rouladen genommen, da sie bereits in der richtigen „Dicke“ geschnitten werden können. Filet oder ein Hüftsteak, dünn geschnitten, sind ebenfalls geeignet. 1 kg Fleisch ergibt etwa 330 g Jerky, da die im Fleisch enthaltene Feuchtigkeit entzogen wird.

1½ kg Rinderrouladen
250 ml Wasser
125 ml Zitronensaft

Das Fleisch mit der Faser (nicht quer zur Faser!) in zwei bis fünf Zentimeter breite und beliebig lange Streifen schneiden.
Das Wasser mit dem Zitronensaft vermischen und evtl. andere gewünschte Gewürze hinzufügen. Das Fleisch in eine flache Schale legen und mit der Flüssigkeit bedeckt über Nacht stehen lassen.
Den Backofen auf 100 °C vorheizen. Die Fleischstreifen gut trocken tupfen und zum Trocknen so auf ein Backpapier oder auf den Grillrost legen, dass sich die einzelnen Stücke nicht berühren. Jetzt kann das Fleisch, falls gewünscht, noch einmal gewürzt werden, z. B. mit Salz oder einer Gewürzmischung.
Nach etwa 3,5 Stunden sollte das Fleisch einmal gewendet werden, um eine gleichmäßige Trocknung zu erreichen. Nach 6 Stunden nachsehen, ob das Trockenfleisch bereits fertig ist. Die Konsistenz – noch ein wenig weich oder ganz durch – ist Geschmackssache. Ansonsten den Dörrvorgang halbstundenweise verlängern. Anschließend das Fleisch auskühlen lassen. Den optimalen Geschmack entwickelt das Jerky meist erst nach zwei bis drei Tagen.
Will man die Geschmacksrichtung des Jerkys verändern, kann man der Marinade ein paar Spritzer Tabasco, 4 gepresste Knoblauchzehen, 6 zerdrückte Wacholderbeeren oder anderes hinzufügen.

Pemmikan

Eine fettreichere und somit kalorienreichere Variante des Trockenfleisches ist Pemmikan, bei den Sioux „Wasna“ genannt. Pemmikan diente als Proviant auf langen Wanderungen oder wurde verwendet, wenn frisches Fleisch knapp war. Es konnte, wenn man es in heißem Wasser auflöste und aufkochte, zu einer nahrhaften Suppe verarbeitet werden.
Die Feldbau betreibenden Stämmen der Plains, wie die Mandan oder Pawnee, verarbeiteten hauptsächlich Mais anstatt Fleisch für ihr Pemmikan.
Diese vegetarische Variante war bei den nomadisierenden Stämmen nicht unbekannt, auch wenn sie die Fleisch-Variante bevorzugten. Je nach Region wurden auch gemahlene Nüsse anstatt Maismehl verwendet.
Einige wenige Stämme stellten ihr Pemmikan auf Fisch-Basis her, ansonsten ähnelte es in seiner Zubereitung den beiden anderen Varianten. Gewürze wurden nach persönlichem Geschmack beigegeben.
Die hinzugefügten Beeren richteten sich nach dem, was die jeweilige Vegetation hergab. Eine Beimischung von pulverisierter → Chokecherry war sehr beliebt, da jahreszeitunabhängig.

Fleisch-Pemmikan

Trockenfleisch wurde zu Pulver zerrieben und mit Fett sowie getrockneten Beeren vermischt. Bei dem Fett konnte es sich um tierisches Fett von jeder Tierart handeln. Bevorzugt wurde jedoch Knochenmark, das wegen seines guten Geschmacks und seiner Nahrhaftigkeit häufig Verwendung bei der Herstellung von Pemmikan fand. Dieser proteinhaltige Fleischfettbrei ließ sich in Säckchen aus Rohhautleder monatelang aufbewahren.

175 g **zu Pulver geriebenes Trockenfleisch von Bison, Rind oder Wild**
100 g **Fett**
125 g **getrocknete herbe Beeren**

Alle Zutaten gut miteinander vermengen und zu Kugeln formen.

Modernes Fleisch-Pemmikan

200 g getrocknetes Rindfleisch
100 g Schmalz
Kerbel
Basilikum
Koriander
Salz

Das Trockenfleisch im Mixer in kleine Stückchen zerhacken und mit den Gewürzen und dem Schmalz verkneten. Die Masse in einem Topf bei sehr niedriger Temperatur erwärmen und in einen Behälter füllen. Die abgekühlte Masse kann auch als Aufstrich für Brot oder Fladen verwendet werden.

Mais-Pemmikan

Für traditionelles Mais-Pemmikan vermischte man getrockneten, zu Pulver zerriebenen Mais mit ausgelassenem Fett, angereichert mit Trockenfrüchten. Anschließend wurde die Masse zu Kugeln geformt.
Heute verwendet man häufig einfaches Maismehl

250 g gelbes Maismehl
225 g Butter oder anderes Fett
125 g Rosinen, getrocknete Beeren – kleingehackt oder anderes Trockenobst
65 g brauner Zucker

Die Rosinen oder Beeren in Wasser einweichen und abgießen. Die Butter in einem Topf schmelzen lassen. Das Maismehl in einem Topf bei gemäßigter Hitze rösten, bis es braun ist. Oder im Backofen bräunen. Die abgetrockneten Beeren mit Maismehl und Zucker vermengen und das geschmolzene Fett gut untermischen.
Anstatt das Pemmikan zu Kugeln zu rollen, kann man die Masse in eine 20 x 20 cm große Backform füllen und im Kühlschrank erstarren lassen. Anschließend in Riegel schneiden und diese einzeln in Wachspapier oder anderes Material verpacken.

Frucht-Pemmikan

200 g	**gemahlene Nüsse**
125 g	**Fett**
100 ml	**Honig**
250 g	**getrocknete Aprikosen, Äpfel, Pflaumen oder was da ist – klein gehackt**

Alle Zutaten sehr gut miteinander vermischen. Zu Kugeln oder Riegeln formen und in feste Folie oder Wachspapier einwickeln.

Hominy

Die Herstellung von Hominy gehört zu den traditionellen Methoden, Mais haltbar zu machen, um ihn zu einem späteren Zeitpunkt zu verwenden. Seinen unvergleichlichen Geschmack erhält es durch die jeweilige Holzart der hinzugefügten → *Holzasche S. 52*
Hominy, zu grobem Schrot (Grieß) verarbeitet, wird zur Zubereitung eines Breis verwendet, der zum Frühstück gegessen oder als Beilage zu anderen Gerichten serviert wird.

500 g	**Holzasche**
2 l	**Wasser**
1 kg	**Mais**

Eine Zubereitungsmöglichkeit ist, die vom Kolben gelösten Maiskörner zusammen mit der Holzasche in heißes Wasser zu legen und länger einzuweichen oder auch zu kochen, bis sich die Außenhaut der Körner löst.
Bei der zweiten Variante wird die Holzasche in dem Wasser 30 Minuten gekocht und das Wasser anschließend durch ein Tuch gesiebt. In dem Holzaschen-Wasser werden die Maiskörner solange gekocht, bis sich die Außenhaut löst. In beiden Fällen werden die Außenhüllen danach abgefischt und die Maiskörner gründlich in einem Sieb gewaschen.
Das Hominy kann frisch verwendet werden oder zur Vorratshaltung im Backofen bei niedriger Temperatur getrocknet und anschließend gemahlen werden. Zur Herstellung des Hominy empfehlen sich emaillierte oder gusseiserne Töpfe; normale Metalltöpfe sind dafür nicht geeignet!

Eichelmehl

Eicheln müssen sorgfältig vorbehandelt werden, um ihnen die Gerbstoffe zu entziehen. Nicht entfernte Gerbstoffe können u. a. zu Magen-Darm-Beschwerden führen. Hier bei uns in Europa kann nur ein gelegentlicher Genuss empfohlen werden. Lediglich die Eicheln der nordamerikanischen Weißeiche sind unbehandelt genießbar.
Zur Vorbehandlung werden die Eicheln ohne Schale in einem Topf 30 Minuten gekocht. Sie werden abgegossen und gut gewässert. Der Vorgang wird zweimal mit frischem Wasser wiederholt, bis das Wasser wie heller Tee aussieht und die Eicheln nicht mehr bitter schmecken. Sie werden entweder in der Sonne oder im Backofen bei 70° C getrocknet und anschließend gemahlen.
Für Suppen und Brei werden die Eicheln geschrotet.

Mesquite-Brot

Mesquite wächst im Südwesten der USA. Dieser buschartige Baum mit zarten, fedrigen Blättern und bis zu fünf Zentimeter langen, nadelscharfen Dornen kann bis zu 10 Meter hoch werden. Der Geruch von verbranntem Mesquite-Holz gehört zu den typischen Gerüchen des Südwestens. Kein anderes Hartholz brennt heißer und entzündet sich so leicht wie Mesquite-Holz. Dazu ist es unübertroffen darin, jedem Gericht ein besonderes Aroma zu verleihen. Die Indianer schätzten die Mesquite-Bohnen als schmackhaftes und vor allem nahrhaftes Lebensmittel. Die bohnenartigen Hülsenfrüchte haben einen Zuckergehalt von 30 %.

Das aus den getrockneten Bohnen hergestellte Mehl, aus dem sie ein sehr nahrhaftes Brot buken, wurde Pinole genannt. Doch auch für Kuchen und Suppen sowie ein alkoholhaltiges Getränk fanden das Mehl bzw. die Bohnen Verwendung.

Leider hat sich Mesquite insbesondere in Texas zu einem gefährlichen und unausrottbaren Unkraut entwickelt, da sich aus den Schösslingen eines gefällten Baumes rasch unzählige neue Pflanzen entwickeln. Die sechs Meter tief wachsende Hauptwurzel verzweigt sich bis zu zwanzig Meter in der Breite, sodass sie jegliche Feuchtigkeit aufsaugt und alle anderen Pflanzen in ihrem Umkreis verdorren lässt.

Hauptursache für die rasante Vermehrung wird den Millionen Rindern auf den riesigen texanischen Ranches Ende des 19. Jahrhunderts zugeschrieben. Rinder lieben Mesquite-Samen, die jedoch meistens wieder ausgeschieden werden, sodass sich woanders neue Pflanzen entwickeln konnten, wenn eine Herde weiterzog.

Mesquite-Brot

250 g **Mesquite-Mehl oder Mehl aus Nüssen**
250 g **Weizenmehl**
2 TL **Backpulver**
2 EL **Öl**
200 ml **Wasser**

Die trockenen Zutaten gut vermischen, anschließend Öl und Wasser hinzufügen und die Masse solange verkneten, bis sie sich zu einem Ball formen lässt und nicht mehr an der Schüssel klebt. Den Teig zu einem Brotlaib formen und auf ein gefettetes Backblech legen. Das Brot 30 bis 40 Minuten bei gemäßigter Hitze backen.

Da Mesquite-Mehl dazu tendiert, jede Feuchtigkeit aus der Luft aufzunehmen, kann die Menge des benötigten Wassers je nach Wetter variieren.

Brot, Fladen, Tortillas und Pfannkuchen

Brot, kleine und große Fladen sowie Tortillas galten in Nordamerika schon immer als eine beliebte Beilage zu Gerichten aller Art. Daher entwickelten sich je nach Region und Zubereitungsart unzählige Varianten.

Maiskugeln in der Lagerfeuerasche

Nach diesem Rezept wurde schon seit vielen Jahrhunderten Brot gebacken. Die Mengenangabe gilt pro Maisbrot-Kugel.
Heute ist diese Methode allerdings weniger verbreitet.

125 g **Maismehl**
½ TL **Salz**
Heißes Wasser

Salz und Maismehl miteinander vermischen und so viel heißes Wasser hinzufügen, bis sich das gequollene Maismehl zu einer Kugel verarbeiten lässt. Sie wird anschließend in der heißen Asche des Lagerfeuers eingegraben.
Normalerweise sollte die Kugel nach etwa 15 bis 20 Minuten gar sein. Die Kugel aus der Asche nehmen, abkühlen lassen, abbürsten und servieren.

Pfannen-Maisbrot

200 g **Maismehl**
1 EL **Backpulver**
½ TL **Salz**
250 ml **Milch**
1 **Ei**
2 EL **Honig**
1 EL **Öl**

Die trockenen Zutaten vermischen. Milch, Ei und Honig dazugeben und gut verrühren. Das Öl in einer Pfanne erhitzen, den Teig hinzufügen, einen Deckel auflegen und das Brot 15 Minuten bei mittlerer Hitze backen.
Anschließend vom Herd/Feuer nehmen und das Brot mit geschlossenem Deckel noch 5 Minuten ruhen lassen.
Über offenem Feuer gebacken kann eine niedrige Außentemperatur die Länge des Backvorgangs beeinflussen.
Das Brot kann warm oder kalt gegessen werden.

Jalapeño-Maisbrot (Zuni)

6	**Streifen magerer Räucherspeck**
250 g	**Maismehl**
1 EL	**Zucker**
2 TL	**Salz**
2 TL	**Backsoda**
280 ml	**Buttermilch**
2	**Eier**
3	**Frühlingszwiebeln – kleingehackt**
2	**milde, grüne Chilischoten – entkernt und kleingehackt**
1	**frische oder eingelegte Jalapeño – entkernt und kleingehackt**

Den Backofen auf mittlere Hitze vorheizen. In einer tiefen Pfanne von 20 bis 25 cm Durchmesser den Speck knusprig braten, herausnehmen, abtropfen lassen und in kleine Stücke schneiden. Maismehl, Zucker, Salz und Natron vermischen. In einer anderen Schüssel einen Esslöffel Fett aus der Pfanne mit Buttermilch und den Eiern verquirlen. Die Buttermilchmixtur mit der Mehlmischung verrühren. Anschließend den Speck mit den Frühlingszwiebeln, den Chilischoten und der Jalapeño in die Mehl-Eier-Masse einrühren. Das Fett in der Pfanne nochmals erhitzen und mit dem Teig verrühren.
Danach den Teig in die Pfanne geben und im Backofen etwa 30 Minuten bei 200 °C backen. Das Brot ist fertig, wenn es goldbraun ist und beim Einstechen eines Messers in die Mitte kein Teig haften bleibt.
Das Brot in der Pfanne servieren und wie eine Torte aufschneiden.

Jalapeño-Maisbrot 2

175 g	feines Maismehl
150 g	Maisgrieß
75 g	Weizenmehl
50 g	Zucker
1 P	Backpulver
½ TL	Salz
150 g	alter trockener Käse – geraspelt
2	rote Jalapeños – sehr fein gehackt
2	grüne Jalapeños – sehr fein gehackt
3	Eier – verquirlt
2 EL	zerlassene Butter
300 ml	Buttermilch

Die sechs trockenen Zutaten in einer Schüssel gut miteinander vermischen. Den Käse und die Jalapeños (*notfalls milderen Chili oder eine kleinere Menge verwenden*) hinzufügen und wieder gut durchrühren.
Die Eier und die zerlassene Butter sowie die Buttermilch nach und nach einrühren. Die Eiermilch langsam in kleinen Mengen zur Trockenmasse hinzufügen und alles zu einem glatten Teig verkneten. Den Teig in eine gefettete Kastenbackform füllen. Eine feuerfeste Schale mit Wasser unten in den Backofen stellen. Das Brot 60 Minuten bei 180 °C goldbraun backen.
Das Maisbrot schmeckt warm sehr gut, kann aber auch kalt gegessen werden.

Maisbrot vom Blech (Wichita)

250 g	Maisgrieß
½ l	Milch
200 g	Butter
3	Eigelb – verquirlt
3	Eiweiß – steif geschlagen
1 TL	Salz

Die Milch fast zum Kochen bringen. Salz und Maisgrieß rasch einrühren, bis der Teig glatt ist. Erst die Butter, dann das Eigelb hinzufügen. Das Eiweiß vorsichtig unterheben. Den Teig auf einem gefetteten Kuchenblech verteilen und bei gemäßigter bis mittlerer Hitze 35 bis 45 Minuten backen. In kleine viereckige Stücke schneiden und zu anderen Gerichten servieren.

Pueblo-Brot

600 g	**Mehl**
1	**Tütchen Trockenbackhefe**
110 ml	**lauwarmes Wasser**
340 ml	**heißes Wasser**
2 EL	**Schweineschmalz oder Pflanzenfett**
1 EL	**Zucker**
1 TL	**Salz**

Den Backofen auf ca. 190 °C vorheizen. Die Hefe mit dem Wasser verrühren und stehen lassen. In einer Schüssel das heiße Wasser mit Schmalz, Zucker und Salz vermengen und 120 g Mehl gut unterrühren. Das Hefewasser dazugießen und alles gut durcharbeiten. 400 g Mehl unter ständigem Rühren langsam dazugeben und den Teig auf einer bemehlten Fläche ca. 10 Minuten durchkneten. Bei Bedarf weiteres Mehl hinzufügen.

Den Teig anschließend in einer gefetteten, mit einem Tuch bedeckten Schüssel an einem warmen Platz eine Stunde gehen lassen. Den Teig teilen und in zwei backfeste Formen geben und die obere Seite der Laibe nochmals fetten. Nach 45 bis 60 Minuten bei 200 °C sollte das Brot gar sein und eine knusprige Bräune haben. Die Brote stürzen und auf einem Rost abkühlen lassen.

Kürbisbrot (Pueblo)

125 g	**Weizenmehl**
125 g	**Maismehl**
220 g	**Squashfleisch – gekocht und püriert**
200 g	**brauner Zucker**
150 g	**Butter**
3	**Eier**
1½ TL	**Backpulver**
½ TL	**Piment**
½ TL	**Salz**
150 g	**Pinienkerne**

Den Backofen auf 180 °C vorheizen. Das Mehl mit dem Kürbisbrei und dem Zucker verrühren. Die Butter in einer Pfanne zerlassen und ebenfalls unterrühren. Die Eier verquirlen und mit den Gewürzen gut vermengen. Zusammen mit den Pinienkernen unter das Kürbisgemisch rühren. Den Teig in eine Kastenbackform füllen und etwa 50 Minuten bei gemäßigter Hitze backen.

Eichelbrot (Navajo)

250 g	**Eichelmehl** →*Eichelmehl*
125 g	**Maismehl**
125 g	**Weizenmehl**
3 EL	**Öl**
1 TL	**Salz**
1 EL	**Backpulver**
125 ml	**flüssiger Honig**
1	**Ei**
250 ml	**Milch**

Eichelmehl, Maismehl, Weizenmehl, Salz und Backpulver gut vermischen. Den Honig, das Ei und die Milch vermengen und mit den trockenen Zutaten verrühren. Den Teig in eine gefettete 20 x 20 cm große Backform geben und bei gemäßigter Hitze 20 bis 30 Minuten backen.

Indian Fry Bread

Das indianische „Bratbrot“, das bei vielen Stämmen bekannt ist, hat seinen Ursprung in den Zeiten, als die Indianer in ihre Reservate gepfercht auf die Lebensmittelrationen der Regierung angewiesen waren. Diese bestanden häufig nur aus verdorbenem Weizenmehl mit Käfern drin und ranzigem Schmalz. Als Triebmittel für das Brot benutzen die Indianer Holzasche.
Seit dieser Zeit ist das Fry Bread bei den Powwows zahlreicher Stämme zum festen Bestandteil des gemeinsamen Essens geworden, auch wenn es heute in etwas abgewandelter Form hergestellt wird.
Für einige Stämme ist das Fry Bread sogar eine heilige Tradition. Es soll von den Menschen solange verzehrt werden, „bis die Erde wieder gereinigt ist.“

500 g	**Mais- oder Weizenmehl**
4 TL	**Backpulver**
½ TL	**Salz**
120 ml	**lauwarmes Wasser**
	Backfett

Mehl, Backpulver und Salz gut vermischen und das Wasser hinzufügen. Gut verkneten, bis sich keine Luftblasen mehr im Teig befinden. Den Teig mit der Hand zu 10 bis 20 cm großen, flachen Fladen formen.
Backfett in einer Pfanne erhitzen und die Fladen vorsichtig hineingleiten lassen. Es sollte so viel Fett in der Pfanne sein, dass die Fladen darin schwimmen. Die Fladen einmal umdrehen. Wenn sie von beiden Seiten goldbraun geworden sind, aus der Pfanne nehmen und anschließend auf Küchenpapier trocknen lassen.
Besonders gut schmeckt das Brot, wenn die Hälfte des Fettes aus ausgelassenem Speckfett besteht. Die Fladen können mit Honig oder Butter gegessen oder als Beilage zu anderen Gerichten serviert werden.
Der Teig kann auch in Form eines Bagels frittiert werden.

Maisküchlein (Mandan)

250 g	**Maismehl**
30 g	**Weizenmehl**
450 ml	**Milch**
1	**Tütchen Trockenbackhefe**
2 TL	**Zucker**
½ TL	**Salz**
	Bratfett für die Pfanne

Das Mehl mit Hefe, Zucker und Salz vermengen. Die Milch langsam einrühren, bis ein glatter Teig entsteht und anschließend 15 Minuten ruhen lassen.
Den Teig esslöffelweise in eine Pfanne mit heißem Bratfett gleiten lassen und von beiden Seiten goldbraun backen.
Die Maisküchlein schmecken sehr gut mit Sirup oder Honig.

Mais-Fladen vom Grill (Cherokee)

250 g	**Maismehl**
½ TL	**Salz**
250 ml	**kochendes Wasser**

Das Wasser mit dem Salz aufkochen lassen. Das Maismehl in eine Schüssel geben und mit dem kochenden Wasser übergießen und verrühren, bis die Mixtur zu einem festen Teig wird. Aus dem Teig Kugeln formen und diese zwischen den Händen flach drücken.
Die Fladen auf einer Grillplatte insgesamt etwa 6 Minuten backen. Dabei von Zeit zu Zeit vorsichtig mit einem flachen Spatel umdrehen.
Notfalls in einer sehr heißen, gefetteten Pfanne von beiden Seiten backen, bis die Fladen eine schöne, goldbraune Farbe haben. Heiß servieren.

Mais-Fritters

750 g	**frische Maiskörner – notfalls eine große Dose Mais**
2	**Eier – verquirlt**
60 g	**Mehl**
1 TL	**Salz**
¼ TL	**Pfeffer**
1 TL	**Backpulver**
2 EL	**Sahne**
4 EL	**Backfett**

Mais, Mehl, Backpulver, Salz und Pfeffer mit den Eiern gut verrühren. Zuletzt die Sahne dazugeben. Das Fett in einer Pfanne erhitzen und die Masse esslöffelweise in das heiße Fett geben. Die Küchlein von beiden Seiten goldbraun backen.
Ergibt ca. 16 – 18 Fritters.
Die Fritters werden als Beilage zu Fleisch und Fisch serviert, als Snack mit einer würzigen Sauce zum Tunken oder einer Würzbutter.

Bohnenküchlein

1 miDo	**weiße oder schwarze Bohnen**
200 g	**Maismehl**
200 ml	**Milch**
2	**Eier – verquirlt**
3	**Frühlingszwiebeln – in Ringe geschnitten**
2 TL	**Salz**
	Schweineschmalz oder Backfett

Die Bohnen abgießen und zerdrücken. Das Maismehl mit Milch, Eiern und Salz verrühren. Die Bohnenmasse und die Zwiebeln dazugeben und vermischen. Aus der Masse kleine ca. 10 cm große Küchlein formen und im erhitzten Fett bei mittlerer Temperatur braten, bis sie goldbraun sind.
Heiß mit Butter oder als Beilage zu einem anderen Gericht servieren.

Bohnen-Fladen

1 miDo	**Kidney-Bohnen – abgetropft**
1 miDo	**Kichererbsen – abgetropft**
1	**Zwiebel – sehr fein gewürfelt**
1	**Knoblauchzehe – gehackt**
3 EL	**Tomatenmark**
1 TL	**Senf**
	Cayenne-Pfeffer nach Geschmack
	Öl

Kidney-Bohnen, Kichererbsen, Zwiebeln, Knoblauch und die Gewürze miteinander vermengen und anschließend zerstampfen. Öl in einer Pfanne erhitzen und die Masse mit einem großen Löffel portionsweise in die Pfanne geben. Etwas glattstreichen und von beiden Seiten bei mittlerer Hitze braten, bis die kleinen Fladen goldbraun sind.

Süßkartoffel-Fladen

1 kg	gekochte Süßkartoffeln
3	Eier
150 g	Mehl
	Salz und Pfeffer nach Geschmack
	Schweineschmalz oder anderes Backfett

Die Kartoffeln zerdrücken und mit Eiern, Mehl und den Gewürzen vermischen. Das Fett in einer Pfanne erhitzen und mit einem großen Löffel die Masse portionsweise in das heiße Fett geben und flach drücken.
Von beiden Seiten goldbraun braten und heiß mit Butter oder Honig servieren. Oder als Beilage zu Fleischgerichten.

Weizen-Tortillas (Zuni)

250 g	Weizenmehl
2 TL	Backpulver
1	Prise Salz
100 g	weißes Bratfett
300 ml	heißes Wasser
	Öl zum Braten

Mehl, Backpulver und Salz vermischen und das weiße Bratfett unterkneten. Das Wasser hinzufügen und die Masse kneten. Falls der Teig zu klebrig ist, weiteres Mehl hinzufügen. Abdecken und 15 Minuten ruhen lassen. Den Teig in 12 gleich große Kugeln teilen, abdecken und nochmals 20 Minuten ruhen lassen. Jede Kugel zu einem Fladen dünn ausrollen.
Das Öl in der Pfanne erhitzen und die Tortillas einzeln von beiden Seiten anbraten, bis sich an der Oberfläche Blasen bilden. Die fertigen Tortillas aufeinander stapeln und im Backofen warm halten.

Mais-Tortillas

Die Maistortillas wurden als einfache Beilage zu Fleisch gegessen oder auch mit Fleisch oder Gemüse gefüllt.

300 g **Maismehl für Tortillas**
250 ml **lauwarmes Wasser**
½ TL **Salz**
etwas Fett

Maismehl, Salz und die Hälfte des warmen Wassers in einer Schüssel gut vermischen. Nach und nach das restliche Wasser dazugeben und solange verkneten, bis ein geschmeidiger Teig ensteht, der sich zu einem Ball formen lässt. Notfalls noch etwas Wasser dazugeben.
Aus dem Teig 20 gleich große Bällchen formen und mit der Hand plattdrücken, sodass ein Kreis von etwa 12 cm Durchmesser, etwa 2 mm dick, entsteht (man kann auch ein Nudelholz dafür verwenden).
Eine kleine, leicht gefettete Pfanne auf mittlere Hitze bringen. Die Tortilla für genau 15 Sekunden backen lassen. Anschließend umdrehen und die andere Seite für 30 Sekunden backen. Dann zurückwenden und weitere 15 Sekunden backen.
Die Tortillas aufeinander gestapelt im Backofen warm halten, bis alle fertig sind.

Pinienkern-Fladen

500 g **Pinienkerne – gemahlen**
750 ml **Wasser**
½ TL **Salz**
2 EL **Maisöl**

Das Pinienkernmehl, Wasser und Salz zu einem dicken Teig verkneten und mindestens eines Stunde zugedeckt ruhen lassen. In einer Pfanne das Öl erhitzen und 6 Fladen von ca. 10 cm Durchmesser von beiden Seiten knusprig braten. Je nach Größe der Pfanne können mehrere Fladen gleichzeitig gebacken werden.
Die Fladen schmecken sehr gut mit Honig, Fruchtgelee oder Sirup.

Mais-Pinienkern-Pfannkuchen

250 g	**Maismehl**
250 g	**Weizenmehl**
120 g	**geröstete Pinienkerne – notfalls gehackte, geröstete Mandeln**
2	**Eier – leicht verquirlt**
2 TL	**Backpulver**
2 EL	**Zucker**
¼ TL	**Salz**
300 ml	**Buttermilch**
2 EL	**zerlassene Butter**

Maismehl, Mehl, Backpulver, Zucker und Salz in einer großen Schüssel gut vermischen. Buttermilch, Eier und zerlassene Butter zugeben und alles mit einem Schneebesen zu einem gleichmäßigen Teig verrühren. Anschließend die Pinienkerne untermischen. Das Öl in einer großen Pfanne erhitzen und ein Viertel des Teigs für einen Pfannkuchen in die Pfanne geben. Sobald die Unterseite des Pfannkuchens goldbraun ist, wenden und die andere Seite ebenfalls goldbraun ausbacken.
Die fertigen Pfannkuchen warmhalten, bis alle Pfannkuchen fertig sind.
Mit Butter, Ahornsirup oder Honig servieren.

Wildreis-Pfannkuchen(Ojibwa)

200 g	Wildreis – gekocht und abgekühlt
250 g	Mehl
2 TL	Backpulver
½ TL	Salz
2	Eier – verquirlt
1 EL	Zucker
1 ½ l	Milch
6 TL	geschmolzene Butter

Alle Zutaten miteinander verrühren. Den Teig mit einer Suppenkelle portionsweise in eine heiße, gefettete Pfanne geben und ausbacken.
Mit Kompott, Sirup oder Honig servieren.

Hominy-Eier

500 g	frisches Hominy → *Hominy* – ersatzweise Dosenmais
4	Eier – verquirlt
	Schmalz, Butter oder Öl
	Salz und Pfeffer

Das Hominy in Fett in einer Pfanne anbräunen. Die Eier mit Pfeffer und Salz würzen und zu dem Hominy hinzufügen. Die Masse stocken und bräunen lassen.

Suppen und Klöße

Maisklöße (Navajo)

400 g frische Maiskörner oder eine mittlere Dose Mais – gut abgetropft
130 g Weizenmehl
4 EL Maismehl
2 TL Backpulver
1 TL Salz
4 EL weiche Butter
1 – 2 EL Milch

Die Maiskörner in einer Schüssel zerquetschen, Weizen- und Maismehl sowie Salz dazu geben. So viel Milch hinzufügen, dass ein geschmeidiger Teig entsteht. Den Teig esslöffelweise in den jeweiligen Eintopf oder einen Topf mit Fleischbrühe gleiten lassen und darin 20 Minuten garen.

Eichel- oder Nussklößchen

60 g Eichelmehl → *Eichelmehl* – oder gemahlene Haselnüsse
60 g Weizenvollkornmehl
1 ½ TL Backpulver
1 Ei – verquirlt
2 EL Milch
2 EL Pflanzenöl

Die Zutaten in eine Schüssel geben und gut verrühren. Die Mischung esslöffelweise in den jeweiligen Eintopf oder die Suppe geben und darin etwa 12 bis 15 Minuten mitgaren lassen.

Beeren-Suppe (Dakota)

500 g	**frische Beeren – Blaubeeren, wilde Johannisbeeren, Brombeeren oder welche Beeren auch immer gesammelt wurden**
	notfalls 200 g getrocknete Beeren
1 ½ l	**Fleischbrühe**
250 ml	**kaltes Wasser**
60 g	**Mehl**
125 g	**Zucker**

Die frischen oder eingeweichten Beeren in die Brühe geben und kochen, bis die Beeren ganz weich sind. Das Wasser mit dem Mehl vermischen, langsam in die Suppe einrühren und kurz aufkochen lassen, damit die Suppe dicker wird.
Vor dem Servieren den Zucker hinzufügen.

Brombeer-Suppe mit Klößen (Creek)

750 g	**Brombeeren**
180 ml	**Wasser**
240 g	**Zucker**
1 ½ EL	**Butter**
500 g	**Mehl**
3 EL	**Zucker**
1 TL	**Salz**
1	**Ei**
3 TL	**Backpulver**
	Milch

Mehl, Zucker, Salz und Backpulver gut vermischen. Das Ei hinzufügen und so viel Milch hinzugeben, dass ein fester Teig entsteht. Die Brombeeren, das Wasser, den Zucker und die Butter zum Kochen bringen. Den Kloßteig esslöffelweise in die kochende Brombeersuppe geben und bedeckt 15 bis 20 Minuten köcheln lassen.

Brennnessel-Cremesuppe

500 g	junge Brennnesselblätter
6 EL	Öl
2	Zwiebeln – fein gehackt
2	Knoblauchzehen – fein gehackt
	Minzblätter, Petersilie oder andere Kräuter – fein gehackt
750 ml	Wasser
2 EL	Maisstärke
	Salz und Pfeffer nach Geschmack
	Milch oder Saure Sahne

Das Öl erhitzen. Zwiebeln und Knoblauch darin goldgelb dünsten. Brennnesseln, Minze und Kräuter zugeben und mit dem Wasser auffüllen. Mindestens 20 bis 30 Minuten köcheln lassen.
Die Suppe pürieren oder durch Sieb gießen. Die im Sieb verbliebenen Brennnesseln mit einem Wiegemesser fein hacken und anschließend zurück in die Brühe geben. Mit in kaltem Wasser angerührter Maisstärke binden und nach Geschmack würzen.
Wenn vorhanden, mit Milch oder Sauer Sahne verfeinern.

Pinienkern-Suppe (Taos Pueblo)

500 g	Pinienkerne – notfalls geschälte Sonnenblumenkerne
1 l	Milch
½ l	Hühnerbrühe
5	Frühlingszwiebeln – in Ringe geschnitten
2	Koriander-Körner
2	getrocknete Minzblätter
	Pfeffer nach Geschmack

Alle Zutaten in einem großen Topf zum Kochen bringen und anschließend ca. 25 Minuten köcheln lassen. Die Suppe kann heiß oder gekühlt serviert werden.

Bucheckern-Suppe (Choctaw)

1 l	Rinderbrühe
200 g	Bucheckern – klein gehackt
1 grDo	Kichererbsen ohne die Flüssigkeit
2	getrocknete Minzblätter
	Pfeffer nach Geschmack

Die Brühe aufkochen und die Hitze herunter stellen. Die Nüsse, die Kichererbsen und die Minzblätter hinzufügen und ca. 15 Minuten köcheln lassen. Mit Pfeffer abschmecken und servieren.

Nuss-Suppe

500 g **Haselnüsse, Pecannüsse oder Walnüsse – gemahlen**
1 l **Fleischbrühe**
2 **Frühlingszwiebeln – in Ringe geschnitten**
2 EL **Petersilie – fein gehackt**
1 TL **Salz**
Pfeffer nach Geschmack

Alle Zutaten in einem großen Topf unter gelegentlichem Umrühren ungefähr eine Stunde köcheln lassen.

Mais-Suppe (Zuni)

Diese Suppe wurde traditionell direkt nach der Maisernte aus dem frischen Mais zubereitet. Die erste Pflanze wurde geopfert. Danach wurde die Maissuppe gekocht, in die Mitte des Raumes gestellt und gemeinsam gegessen.

800 g **Maiskörner oder eine große Dose Mais ohne die Flüssigkeit**
500 g **Lammfleisch – gewürfelt**
1 ½ l **Fleischbrühe**
3 TL **Maiskeimöl**
125 g **Frühlingszwiebeln – in feine Ringe geschnitten**
2 TL **rote Chilischoten – gemahlen**
Salz
frischer Koriander – klein gehackt

Das Öl erhitzen und die Frühlingszwiebeln andünsten. Das Fleisch kurz im Öl anbraten, mit der Hälfte der Brühe ablöschen und bei niedriger Hitze etwa 1 Stunde köcheln lassen, bis das Fleisch zart ist. Den Mais und die restliche Brühe hinzugeben. Die Suppe mit Chili und Salz würzen und 10 Minuten kochen lassen. Vor dem Servieren mit dem Koriander bestreuen.

Mais-Suppe (Navajo)

250 g	Schweinfleisch – klein geschnitten
2 EL	Öl
1 grDo	Mais – abgetropft
1	mittelgroße Zwiebel – gehackt
250 g	weiße Rüben – gewürfelt
600 ml	Hühnerbrühe
150 ml	kaltes Wasser
2 EL	Maismehl – ersatzweise 4 EL Weizenmehl
1 l	heiße Milch
	Salz
	weitere Gewürze nach Belieben

Das Fleisch salzen und in einem großen Topf im Fett anbräunen. Die Zwiebeln dazugeben und ebenfalls anbräunen. Die Rüben und die Hühnerbrühe hinzufügen und 20 Minuten zugedeckt köcheln lassen. Den Mais einrühren und weitere 15 Minuten simmern lassen. Das Mehl mit dem Wasser verrühren, in den Topf geben und unter Umrühren alles aufkochen lassen. Zuletzt die heiße Milch und nach Wunsch weitere Gewürze hinzufügen und nochmals 2 Minuten köcheln lassen.

Tawas Mais-Cremesuppe

500 g	**frische Maiskörner gekocht oder aus der Dose**
125 g	**Bacon – fein gewürfelt**
1	**mittlere Zwiebel – fein gehackt**
500 g	**Kartoffeln – klein gewürfelt**
250 ml	**Wasser**
500 ml	**Milch**
3 EL	**Butter**
	Salz und Pfeffer

Den Speck in einem Topf knusprig braten. Anschließend die Zwiebeln dazugeben und leicht anbräunen. Mit dem Wasser übergießen, die Kartoffeln dazugeben und weich kochen.
Die Suppe pürieren. Mais, Milch und Butter einrühren und nach Geschmack pfeffern und salzen. Die Suppe kurz aufkochen und servieren.

Hominy-Suppe (Chickasaw)

250 g	**frisches Hominy oder über Nacht eingeweichtes** → ***Hominy***
200 g	**fetter Speck – fein gewürfelt**
1	**mittlere Zwiebel – klein gehackt**
½ l	**Buttermilch**
	Salz und Pfeffer

Den Speck in einem Topf knusprig braten. Die Zwiebel im Fett dünsten, das Hominy hinzufügen und 5 Minuten unter ständigem Rühren köcheln lassen.
Den Topf vom Herd nehmen und die Buttermilch langsam einrühren. Die Suppe mit Pfeffer und Salz würzen und nochmals 5 Minuten bei niedriger Hitze köcheln lassen.
Die Suppe darf auf keinen Fall nochmals aufkochen!

Hominy-Gemüse-Suppe

250 g	frisches Hominy →*Hominy* – oder eine mittlere Dose Mais
1	große Zwiebel – in Ringe geschnitten
3	große Tomaten – in Scheiben geschnitten
3	Wurzeln – in Scheiben geschnitten
1	Selleriestange – in Scheiben geschnitten
1 ½ l	Wasser
2 EL	Butter
	Pfeffer und Salz nach Geschmack

Alle Zutaten in einen großen Topf geben und aufkochen. Anschließend köcheln lassen, bis das Gemüse gar ist.

Rüben-Suppe (Sioux)

750 g	Rinder- oder Bisonknochen mit viel Fleisch dran
1 ½ l	Wasser
200 g	weiße Rübe – gewürfelt
200 g	Steckrübe – gewürfelt
200 g	frische Maiskörner oder kleine Dose Mais
	Salz und Pfeffer

Alle Zutaten außer den Gewürzen in einen Topf geben und aufkochen lassen. Anschließend bei niedriger Hitze 30 bis 60 Minuten köcheln lassen oder bis das Gemüse gar ist. Wird Dosenmais verwendet, den Mais erst kurz vor dem Garwerden in die Suppe geben. Das Fleisch von den Knochen schaben und zur Suppe hinzufügen. Die Suppe mit Salz und Pfeffer würzen.

Squash-Suppe (Ojibwa)

500 g	**Squashfleisch – gekocht und püriert**
500 ml	**Milch**
2 EL	**Butter**
6 EL	**Ahornsirup**
½ TL	**Majoran**
1 TL	**Piment**
	Pfeffer und Salz nach Geschmack

Die Milch in einem Topf erwärmen und die Butter einrühren. Den Kürbismus und den Ahornsirup hinzufügen. Den Zucker mit den Gewürzen vermischen und unterrühren. Die Suppe langsam erhitzen, aber nicht aufkochen lassen.

Squash-Suppe (Pueblo)

800 g	**Squashfleisch – grob gewürfelt**
2	**Frühlingszwiebeln mit Grün – in Ringe geschnitten**
2 EL	**Honig**
500 ml	**Wasser**
1 – 2 EL	**frischer Dill – fein gehackt**
	Salz und Pfeffer

Das Kürbisfleisch mit Zwiebeln und Honig im Wasser mindestens 30 Minuten weich kochen. Die Suppe pürieren, mit Salz und Pfeffer würzen. Bei Bedarf noch etwas Honig hinzufügen. Die Suppe nochmals 5 bis 10 Minuten köcheln lassen. Mit Dill bestreut servieren.
Dazu schmecken → ***Mais-Fritters*** oder → ***Mais-Fladen*** sehr gut.

Süßkartoffel-Suppe

2	mittelgroße Süßkartoffeln – geschält, in kleine Stücke geschnitten
720 ml	Hühner- oder Gemüsebrühe
1 miDo	Kidney-Bohnen – abgetropft
1 EL	Öl
1 EL	Butter
1	große Zwiebel – fein gehackt
2 EL	Zitronensaft
½ TL	schwarzer Pfeffer
6 EL	Saure Sahne
	Petersilie – gehackt

Die Zwiebeln in Öl und Butter glasig dünsten. Die Brühe und den Zitronensaft hinzufügen und zum Kochen bringen. Die Süßkartoffeln direkt in das kochende Wasser geben und bei mittlerer Hitze etwa 20 Minuten köcheln lassen. Die Bohnen und den Pfeffer hinzufügen und nochmals 3 Minuten weitersimmern lassen. Anschließend die Saure Sahne einrühren.
Mit Petersilie bestreut servieren.

Schwarze Bohnen-Suppe (Hopi)

1 grDo	Schwarze Bohnen
100 ml	Öl
250 g	Porree – in Scheiben geschnitten
2	Knoblauchzehen – fein gehackt
250 ml	Wasser
	Salz und Pfeffer nach Geschmack

Das Öl erhitzen, den Porree und den Knoblauch darin dünsten. Die Hälfte der Bohnen mit einer Gabel zerdrücken und zum Porree geben. Die restlichen Bohnen mit der Dosenflüssigkeit und dem Wasser hinzufügen. Ca. 20 Minuten köcheln lassen, dabei gelegentlich umrühren.

Bohnen-Suppe (Navajo)

500 g	**Kidney-Bohnen**
3 ½ l	**Wasser**
1	**großer Fleischknochen von Rind, Schwein, Wild oder Schaf mit möglichst vielen Fleischresten daran**
1	**große Gemüsezwiebel – geachtelt**
1	**Knoblauchzehe – fein gehackt**
	Salz und Pfeffer nach Geschmack

Alle Zutaten in einen großen Topf geben und 2 bis 3 Stunden köcheln lassen, bzw. bis sich das Fleisch leicht vom Knochen lösen lässt und die Bohnen gar sind. Den Knochen herausnehmen, das Fleisch in kleine Stücke schneiden und vor dem Servieren in die Suppe geben.

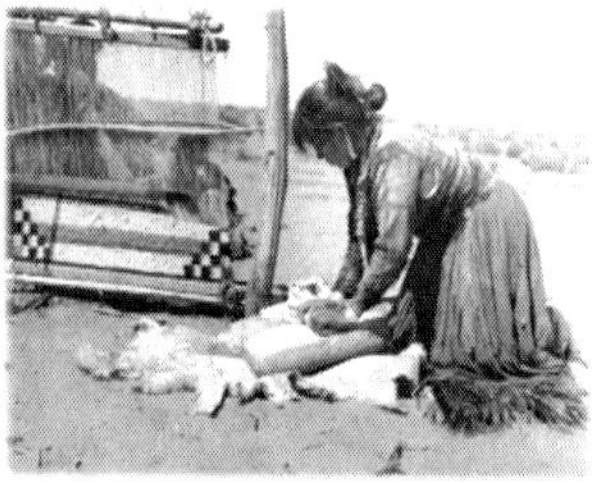

Topinambur-Suppe

Topinambur-Suppe war ein beliebtes Gericht der nördlichen Stämme für kalte Tage.

1 kg	**Topinambur**
1 ½ l	**Hühnerbrühe oder Gemüsebrühe**
3	**Zwiebeln – in feine Scheiben geschnitten**
	Salz und Pfeffer
2 EL	**frisch gehackter Dill oder andere Kräuter**

Die gut abgewaschenen Topinamburs in 30 bis 40 Minuten in Wasser garen. Anschließend abgießen, pellen und zerdrücken. Das Topinambur-Püree in einem großen Topf mit der Brühe und den Zwiebeln verrühren.
Die Suppe etwa 15 Minuten köcheln lassen. Mit Salz und Pfeffer abschmecken und mit dem Dill bestreuen.

Lamm-Suppe (Navajo)

1	in Stücke gehackter Lammknochen mit viel anhaftendem Fleisch
350 g	getrocknete Pinto-Bohnen – über Nacht einweichen
1	mittelgroße Zwiebel – klein gehackt
2	zerstoßene Pfefferkörner
1 TL	Koriander
1	Knoblauchzehe – fein gehackt
1	Chilischote – in Scheiben geschnitten oder 1 EL Chilipulver
2 ½ l	Wasser
	Salz und Pfeffer nach Geschmack

Alle Zutaten bis auf Salz und Pfeffer in einem großen Topf zum Kochen bringen und bei gemäßigter Hitze 2 bis 3 Stunden köcheln lassen oder bis die Bohnen gar sind. Die Knochen aus der Suppe herausnehmen, das Fleisch vom Knochen entfernen, in kleine Stücke schneiden und in die Suppe zurückgeben. Die Suppe vor dem Servieren mit Salz und Pfeffer nach Geschmack würzen.

Fleisch-Suppe mit Beeren (Blackfoot)

750 g	Bison- oder Rindfleisch – gewürfelt
1 l	Fleischbrühe
3 EL	Schmalz oder anderes Fett
150 g	Frühlingszwiebeln – in Ringe geschnitten
150 g	frische Blaubeeren, Brombeeren oder andere
2 EL	Honig
	Salz und Pfeffer nach Geschmack

Das Fleisch im Fett anbräunen. Brühe, Frühlingszwiebeln, Beeren und Honig hinzufügen. Alles ungefähr eine Stunde köcheln lassen, bis das Fleisch zart ist. Mit Salz und Pfeffer würzen.

Truthahn-Suppe mit Klößen (Omaha)

Truthahnreste
Wasser
Frühlingszwiebeln – klein geschnitten
Gemüse, was gerade da ist – klein geschnitten
Eichel-, Nuss- oder Maisklößchen → *Seite 78*
Piment nach Geschmack

Alles, was nach der Mahlzeit eines gebratenen Truthahns übrig geblieben ist, in einen großen Topf geben. Das Truthahn-Gerippe vorher in mehrere Stücke zerteilen.

Die Truthahnreste gut mit Wasser bedeckt zum Kochen bringen. Anschließend die Hitze reduzieren und die Brühe zugedeckt drei Stunden köcheln lassen.

Die Suppe abkühlen lassen und die Knochen und das Fleisch herausfischen. Das Fleisch von den Knochen ablösen und ebenso wie weiteres Fleisch oder auch Haut in kleine Stücke schneiden und wieder in die Brühe geben.

Die Brühe zum Kochen bringen, das Gemüse und die Klöße hineingleiten lassen und die Temperatur reduzieren. Etwa 15 Minuten köcheln lassen.

Hühner-Suppe (Cherokee)

1 ½ kg	**Hühnerteile – oder auch Kaninchenteile**
2 ½ l	**Wasser**
1	**große Zwiebel – klein gehackt**
150 g	**Pecannüsse – klein gehackt**
1 EL	**Dill – gehackt**
	Salz und Pfeffer

Die Hühner- oder Kaninchenteile mit dem Wasser und der Zwiebel in einen Topf geben und aufkochen lassen. Bei niedriger Hitze anschließend 2 bis 3 Stunden köcheln lassen. Das Fleisch aus dem Topf nehmen, vom Knochen lösen und in kleine Stücke schneiden. Mit den Pecannüssen in die Suppe geben und nochmals ca. 10 Minuten simmern lassen. Mit Salz, Pfeffer und Dill abschmecken.

Fisch-Suppe (Comanche)

500 g	**Fisch – was immer gefangen wurde**
1 l	**Wasser**
200 g	**Spinatblätter – oder ähnliches Gemüse – klein geschnitten**
	Salz und Pfeffer nach Geschmack

Den Fisch mit Wasser, Salz und Pfeffer in einen Topf geben und köcheln lassen, bis er gar ist. Den Fisch aus der Suppe nehmen, die Gräten entfernen und das Fischfleisch in kleinen Stücken in die Suppe zurückgeben. Den Spinat zur Suppe hinzufügen und nochmals 5 Minuten köcheln lassen.

Fisch-Suppe

500 g	**Fischfilets – Zander, Barsch oder andere – gewürfelt**
100 g	**Frühstücksspeck – klein gewürfelt**
2	**große Zwiebeln – fein gewürfelt**
750 ml	**heißes Wasser**
500 g	**Kartoffeln – geschält und gewürfelt**
2 Cup	**Süßrahmbutter oder Sahne**
	Salz und Pfeffer nach Geschmack

Den Speck in einer Pfanne bräunen. Die Zwiebeln hinzufügen und glasig werden lassen. Das Wasser und die Kartoffeln hinzufügen und kochen, bis die Kartoffeln fast gar sind. Die Fischstücke hinzufügen und gar köcheln lassen.
Mit Salz und Pfeffer würzen. Die Sahne einrühren.
Die Suppe vor dem Servieren noch 10 Minuten durchziehen lassen.

Gemüse, Salate und Beilagen

Maiskolben in der Glut gegart

Bei den Maiskolben die Seidenquasten entfernen und anschließend die Blätter fest um den Kolben drehen.
Wenn das Feuer niedergebrannt ist, eine Mulde in die glühenden Kohlen harken und die Maiskolben in das Loch legen. Mit Asche bedecken und die glühenden Kohlen darauf häufen. Die Garzeit hängt von der Frische des Maises ab.

Mais über dem Feuer geröstet

Das untere Ende des Kolbens so abschneiden, dass der Kern des Maiskolbens zu sehen ist. Einen spitzen Grünholzstock hier hineinstechen. Die Blätter bleiben am Kolben, denn sie schützen den Mais davor, zu verbrennen, wenn er über das Feuer gehalten wird. Den Kolben über dem Feuer drehen, bis der Mais gar ist.

Maiskolben vom Grill

Eine beliebte Beilage bei Powwows, wenn viele Menschen verköstigt werden müssen.

Maiskolben mit Blättern

Die Blätter aufklappen und die dünnen, seidigen Härchen entfernen, die Blätter wieder um die Kolben wickeln und eine Stunde in kaltes Wasser legen.
Die Maiskolben etwa 10 Zentimeter über der Holzkohleglut ca. 25 Minuten rösten und dabei mehrmals wenden.

Three-Sisters-Casserole (Pueblo)

500 g **frische Maiskerne**
500 g **grüne Bohnen – in Stücke geschnitten**
500 g **Squash – in Würfel geschnitten**
500 g **Sour Cream**
4 **Eier**
4 EL **Butter**
125 g **gelbes Maismehl**
5 **Jalapeños – entkernt und in Stücke geschnitten**
100 g **milder Käse – in kleine Würfel geschnitten**

Sour Cream und die Eier gut verrühren. Die restlichen Zutaten hinzufügen und alles gut durchrühren. Eine große Pfanne mit der Butter gut fetten und die Mixtur einfüllen.

Bei 175 °C etwa 45 Minuten oder bis die Masse goldbraun und gestockt ist, im Ofen backen.

Maisbrei mit Fleisch (Wichita)

150 g	Schweinefleisch – sehr klein gewürfelt
2	mittelgroße Zwiebeln – klein gehackt
1 EL	Butter oder anderes Fett
1 l	Fleischbrühe
250 g	Maismehl
1 klDo	Mais – abgetropft
	Salz und Pfeffer

Die Zwiebeln in der Butter andünsten und beiseite stellen. Die Fleischbrühe in einem Topf zum Kochen bringen. Das Maismehl unter ständigem Rühren hinzufügen und ca. 10 Minuten weiter köcheln lassen, bis die Masse breiig wird. Die Maiskörner, das Fleisch und die Zwiebeln in den Brei einrühren und mit Pfeffer und Salz abschmecken. Nochmals 15 bis 20 Minuten weiter köcheln lassen.

Mais-Kürbis-Gemüse (Pueblo)

300 g	Maiskerne oder eine mittelgroße Dose Mais – abgetropft
1	Zwiebel – klein gehackt
1	Knoblauchzehe – sehr fein geschnitten
250 g	Kürbisfleisch – gewürfelt
2	Tomaten – grob gewürfelt
50 g	geriebener Käse

Den Mais, die Zwiebel und den Knoblauch in einen Topf geben und etwas Wasser hinzufügen. 5 Minuten lang kochen lassen, die Kürbisstücke unterrühren und 10 Minuten weiter kochen lassen. Die Tomaten hinzufügen und nur so lange köcheln lassen, bis sie warm, aber nicht matschig sind. Den Käse einrühren und servieren.

Walnuss-Mais (Choctaw)

1 miDo	**Mais – abgetropft**
1	**Zwiebel – fein gewürfelt**
3 EL	**Walnussöl**
100 g	**halbe Walnüsse – geröstet**
4	**Nadeln von einem Rosmarinzweig**
	Cayenne-Pfeffer nach Geschmack
	Salz

Walnussöl in einem Topf erhitzen und die Zwiebeln bei mittlerer Temperatur glasig dünsten. Den Mais hinzufügen und mit Salz, Cayenne-Pfeffer und Rosmarin würzen. Die gerösteten Walnüsse mit dem Mais vermischen.

Frijoles – Bohnenmus

Dieses Bohnenmus wird im gesamten Südwesten als Gemüsebeilage, aber auch als Aufstrich für Fladenbrot oder als Beilage zum Frühstück serviert.

1 klDo	**Kidney-Bohnen**
1	**kleine Zwiebel – sehr fein gehackt**
1	**Knoblauchzehe – sehr fein gehackt**
2 EL	**Öl**
	Salz und Pfeffer
	Chilipulver

Die Bohnen mit der Hälfte der Dosenflüssigkeit pürieren. Das Öl erhitzen und die Zwiebeln und den Knoblauch darin glasig dünsten. Das Bohnenpüree dazugeben, mit Salz, Pfeffer und Chilipulver würzen und bei schwacher Hitze etwa 5 Minuten mitdünsten.
Es kann warm oder kalt gegessen werden.

Sommer-Squash mit Chili (Apache)

1 kg	Sommer-Squash – gewürfelt
4	grüne Chilis – geröstet und klein geschnitten
2 EL	Butter
1	Gemüsezwiebel – gewürfelt
2	Knoblauchzehen – fein gehackt
2 EL	Koriander – klein gehackt
1 TL	Salz
½ TL	Pfeffer
1 EL	Limettensaft

In einer großen Pfanne die Butter bei 175 °C erhitzen. Die Zwiebel dazugeben und unter gelegentlichem Rühren braten lassen, bis die Zwiebeln weich sind und gerade anfangen, dunkel zu werden. Den Knoblauch einrühren und für 30 Sekunden mitkochen lassen.

Den Kürbis, Salz und Pfeffer in die Pfanne geben und unter gelegentlichem Rühren ca. 7 bis 10 Minuten kochen oder bis der Kürbis bissfest weich ist. Die Chilis und den Koriander unterrühren. Abschmecken und bei Bedarf noch mehr Salz und Pfeffer hinzufügen. Den Limettensaft einrühren und servieren.

Man kann dem Gericht auch Mais hinzufügen.

Süßer Squash

1	Squash – ½ bis 1 kg – entkernt und in große Stücke geschnitten
250 ml	Wasser
4 EL	Butter
150 ml	Honig – notfalls 200 g Zucker
½ TL	Salz

Die Squash-Stücke mit der gelben Seite nach unten in eine gefettete Auflaufform legen. Die Butter in einem Topf zerlassen und unter ständigem Rühren Zucker, Wasser und das Salz hinzufügen. Alles zu einem dicken Sirup einkochen und über die Squash-Stücke gießen. Im Ofen bei 175 °C etwa 30 Minuten backen, oder bis die Squash-Stücke sehr weich sind.

Man kann das Gericht auch in gusseisernem Kochgeschirr mit Deckel auf dem Herd zubereiten.

Kürbisbrei (Apache)

	Kürbisfleisch
2 – 3 EL	**gemahlene Sonnenblumenkerne je 250 g Kürbis – wenn nicht verfügbar Maismehl**
2 EL	**Butter je 250 g Kürbis**
	Salz nach Geschmack

Das Kürbisfleisch kochen, bis es weich ist. Danach zu Brei verarbeiten, die restlichen Zutaten unterrühren und servieren.

Gebackene Kürbisblüten (Hopi)

24	**Kürbisblüten – möglichst männliche, da diese größer sind**
300 g	**Maismehl**
4	**Eier**
100 ml	**Milch**
1 TL	**Chilipulver**
1 TL	**Salz**
¼ TL	**gemahlener Kreuzkümmel**
	Öl zum Frittieren

Eier, Milch, Chilipulver, Kreuzkümmel und Salz miteinander verquirlen. Die trockenen Blüten in die Eiermixtur tauchen und mit dem Maismehl überziehen. Öl in einem Topf oder einer Fritteuse auf ca. 180 °C erhitzen. Die Blüten einzeln oder zu zweit, je nach Größe des Topfes, goldgelb ausbacken. Auf Küchenpapier abtropfen lassen und im Backofen warm halten, bis alle Blüten fertig sind.

Gebratener Topinambur (Kiowa)

500 g	**Topinambur – geschält und in 1 cm dicke Scheiben geschnitten**
1	**Zwiebel – fein gehackt**
	Fett zum Braten
	Petersilie, Koriander oder was da ist – fein gehackt
	Salz

Das Fett in einer Pfanne erhitzen und die Zwiebelstücke andünsten. Die Topinambur-Scheiben in die Pfanne legen und von beiden Seiten bei mittlerer Hitze braten, bis sie weich sind. Mit Salz und Petersilie würzen und servieren.

Karotten-Brot (Cherokee)

750 g	**Karotten – gekocht und zerstampft**
1	**Zwiebel – klein gehackt**
1 EL	**Salz**
375 g	**Brotkrumen**
250 ml	**Milch**
2	**Eier – verquirlt**
2 EL	**Butter**

Die Zwiebeln in der Butter dünsten und zum Karottenbrei geben. Eier, Milch, Brotkrumen und Salz verrühren und mit dem Karottenbrei vermischen. Die Masse in eine Kastenbackform füllen und bei 175 °C etwa 40 Minuten lang backen.
Anschließend in Scheiben geschnitten servieren.

Gebackene Gurken (Pueblo)

2	Gurken
3 EL	Butter
2	Frühlingszwiebeln – in kleine Ringe geschnitten
	Salz und Pfeffer

Die Gurken einmal längs und einmal quer durchschneiden und in eine gefettete Auflaufform legen. Die Zwiebeln über den Gurken verteilen und salzen und pfeffern. Im Ofen ca. 30 bis 40 Minuten bei starker Hitze abgedeckt backen.

Süßkartoffeln in Ahornsirup (Ojibwa)

4	große Süßkartoffeln oder Yams – gewaschen und getrocknet
2 EL	Walnussöl – notfalls Butter oder ein anderes Fett
100 g	Walnüsse – gemahlen
125 ml	Ahornsirup
½ TL	Piment
	Cayenne-Pfeffer nach Geschmack
	Salz

Die Süßkartoffeln fast gar kochen und in kleine Stücke schneiden. Den Backofen auf 175 °C vorheizen und die Kartoffeln in einer gebutterten Auflaufform auf dem Boden verteilen. In einem anderen Topf die restlichen Zutaten bei mittlerer Hitze unter gelegentlichem Umrühren aufkochen lassen. Die Sauce über die Kartoffeln gießen und die Auflaufform für ca. 35 Minuten bei 175 °C in den Backofen schieben. In der Auflaufform servieren.

Süßkartoffel-Auflauf (Caddo)

3	große Süßkartoffeln – fast gar gekocht und gewürfelt
250 g	Maisgrieß
250 g	Mehl
1 TL	Backpulver
1 ½ TL	Salz
2 EL	Honig
2 EL	Butter
300 ml	Milch
2	Eier – verquirlt

Alle anderen Zutaten bis auf die Eier miteinander verrühren. Die Eier hinzufügen. Die Kartoffeln vorsichtig unterrühren, damit sie nicht zermatschen. Die Masse in eine gefettete Backform von ca. 20 x 20 cm füllen. Im Backofen bei mittlerer bis starker Hitze ca. 60 Minuten backen.
Zu Fleischgerichten servieren.

Kartoffel-Bohnen-Püree

300 g	mehlige Kartoffeln – geschält und gekocht
1 miDo	dicke weiße Bohnen oder Kidney-Bohnen
1	Zwiebel – sehr fein gehackt
200 ml	Milch oder auch Sahne
	Piment nach Geschmack
	Salz und Pfeffer
	Zitronensaft

Die Kartoffeln vierteln und mit den Bohnen 5 Minuten im Bohnenwasser köcheln lassen. Anschließend abgießen, pürieren und die rohen Zwiebeln hinzufügen. Die Milch oder Sahne erhitzen und in den Brei einrühren. Mit den Gewürzen und dem Zitronensaft abschmecken.

Fladen-Variante

Das Püree wird gelegentlich auch mit weniger Milch zubereitetet und in einer Pfanne in heißem Öl zu einer Art kleiner Fladen gebacken.

Kartoffel-Zucchini-Fladen (Pueblo)

6	**mittelgroße Kartoffeln – geschält**
2	**Zucchini – geschält**
1	**mittlere Zwiebel – sehr fein gehackt**
2	**Eier**
4 EL	**Mehl**
1	**Knoblauchzehe – sehr fein geschnitten**
1	**kleine rote Chili – entkernt und sehr fein geschnitten**
1 TL	**Salz**
½ TL	**Pfeffer**
	Öl zum Braten

Kartoffeln und Zucchini raspeln. Alle anderen Zutaten hinzufügen und gut miteinander verrühren. Das Öl in einer Pfanne erhitzen. Je 2 Esslöffel Teig pro Fladen hineingeben und bei mittlerer Hitze von beiden Seiten je 3 bis 4 Minuten goldgelb braten.
Anstatt Knoblauch und Chili hinzuzufügen, kann man die Fladen auch mit einer milden oder schärferen Chili-Sauce servieren.

Honigzwiebeln (Comanche)

500 g **Zwiebeln – klein gehackt**
6 ÖL **Olivenöl**
200 ml **Wasser**
4 EL **Honig**
Paprikapulver
Oregano
Salz und Pfeffer

Die Zwiebeln im Olivenöl goldgelb anbräunen. Das Wasser hinzufügen, die Gewürze einrühren und die Zwiebeln bei niedriger Hitze dünsten, bis die Flüssigkeit fast eingekocht ist. Den Honig einrühren und nochmals 5 Minuten köcheln lassen.
Die Honigzwiebeln schmecken sehr gut zu Geflügel

Chili-Nuss-Reis

300 g **Wildreis oder anderen**
100 g **Nüsse – was gerade da ist – grob gehackt**
Öl zum Braten
1 **roter Chili – entkernt und fein gehackt**
Koriander – notfalls Petersilie
Salz und Pfeffer

Den Wildreis in reichlich Salzwasser etwa 30 bis 40 Minuten gar kochen und anschließend abtropfen lassen. Nüsse und Chili in einer Pfanne in heißem Öl anrösten und mit dem Wildreis verrühren. Den Koriander vor dem Servieren über den Reis streuen.

Kichererbsen (Pueblo)

500 g	getrocknete Kichererbsen
1 ½ l	Wasser
2 TL	Salz
80 g	Butter
2	Zwiebeln – klein gehackt
1 ½ TL	Kreuzkümmel
½ TL	Ingwer
¼ TL	getrocknete Minze oder 6 frische Blätter
½ TL	scharfes Chilipulver
2	Tomaten – in kleine Stücke geschnitten
350 ml	Fleischbrühe

Die Kichererbsen über Nacht einweichen. Oder in einen Topf mit Wasser geben und zwei Minuten aufkochen lassen. Anschließend 1 bis 2 Stunden ziehen lassen.
Danach in diesem Wasser aufkochen lassen und 30 Minuten, oder bis sie weich sind, köcheln lassen. Die Flüssigkeit abgießen und beiseite stellen.
In einem Topf die Butter erhitzen und die Zwiebeln im Fett anbräunen. Die Gewürze und die Tomaten hinzufügen und alles 10 Minuten köcheln lassen. Die Kichererbsen hinzufügen und mit der Fleischbrühe aufgießen. Von der Brühe, in der die Erbsen gekocht wurden, so viel hinzugeben, dass die Erbsen vollkommen bedeckt sind. Zugedeckt weitere 20 Minuten simmern lassen.

Tomaten-Fladen (Zuni)

1 kg **Grüne oder rote Tomaten – fein gewürfelt**
4 **Frühlingszwiebeln – in sehr dünne Ringe geschnitten**
250 g **Maismehl**
Salz und Pfeffer
Backfett – vorzugsweise Schweineschmalz

Die Tomatenstücke und die Zwiebeln mit Salz und Pfeffer würzen und mit dem Maismehl gut vermischen. Aus der Masse Fladen formen. Das Fett erhitzen und die Fladen von beiden Seiten braten, bis sie eine schöne braune Farbe haben.

Gebratene Grüne Tomaten (Pueblo)

1 kg **Grüne Tomaten – in dicke Scheiben geschnitten**
4 **Eier – verquirlt**
300 g **Maisgrieß**
200 ml **Wasser**
2 **Frühlingszwiebeln – sehr klein gehackt**
Pfeffer und Salz nach Geschmack
Butter oder anderes Fett zum Braten

Eier, Maisgrieß, Zwiebeln, Pfeffer und Salz zu einem Teig verarbeiten. Die Tomatenscheiben im Teig wenden. Anschließend in der Butter von beiden Seiten braten.

Gebackene Pilze (Coushatta)

500 g **große Champignons oder andere großschirmige Pilze**
Butter
Salz und Pfeffer

Die Stiele der Champignons abschneiden. Die Hüte mit der Lamellenseite nach oben in eine gefettete Auflaufform legen. In jeden Hut ein kleines Stück Butter geben und pfeffern und salzen. Die Stiele daneben in die Form legen. Im Backofen bei gemäßigter Hitze ca. 30 Minuten backen.

Wildpilze (Cherokee)

350 g	**Wildpilze – Pfifferlinge, Hallimasch, Morchel oder was da ist**
100 g	**geräucherter Bauchspeck – fein gewürfelt**
2	**Frühlingszwiebeln – in Ringe geschnitten**
	Salz und Pfeffer
	Petersilie oder andere Kräuter – fein gehackt

Die Pilze in Scheiben schneiden. Den Speck bei mittlerer Hitze in einer Pfanne auslassen. Den Speck aus der Pfanne nehmen und beiseitestellen.
Die Temperatur hochstellen und Pilze und Zwiebeln braten, bis sie gar sind. Die Speckstücke einrühren, mit Salz und Pfeffer würzen und mit Kräutern überstreut in der Pfanne servieren.

Brennnessel-Salat (Apache)

250 g	**Brennnesselblätter – möglichst kleine**
1	**Zitrone – ausgepresst**
8 EL	**Nussöl**
1	**Knoblauchzehe – fein gehackt**
40 g	**Nüsse oder Pinienkerne – gehackt**
	Salz und Pfeffer

Die Brennnesselblätter in eine Schüssel geben. Die Nüsse oder Pinienkerne und mit dem Knoblauch in einem Esslöffel Nussöl leicht anrösten. Das restliche Walnussöl mit Zitrone, Salz und Pfeffer gut verrühren und Knoblauch und Nüsse hinzufügen. Die Sauce über die Brennnesselblätter gießen und alles vorsichtig vermischen.

Löwenzahn-Salat

500 g	junge Löwenzahnblätter – in mundgroße Stücke geschnitten
100 g	fetter Speck – gewürfelt
100 ml	Milch
3	Eier – hart gekocht und klein gehackt
	Salz und Pfeffer

Die Löwenzahnblätter in eine Schüssel geben. Den Speck in einer kleinen Pfanne kross anbraten. Milch, Pfeffer und Salz hinzufügen und verrühren. Die Eier über den Löwenzahnblättern verteilen. Die Specksauce über den Salat gießen und alles vorsichtig umrühren.

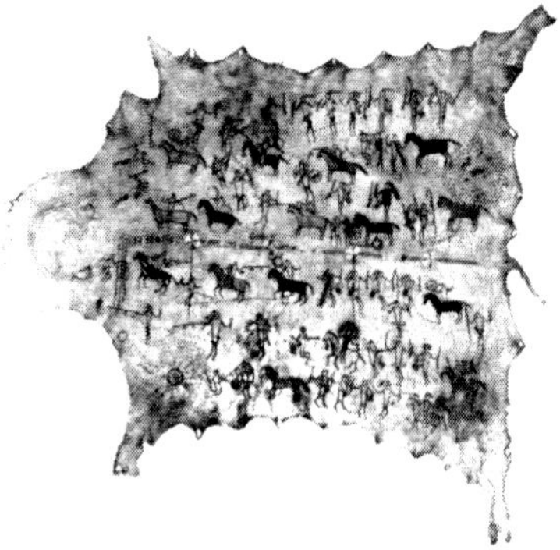

Pilz-Löwenzahn-Salat

250 g	Pilze – gebraten und in kleine Stücke geschnitten
2 – 3	Hände Löwenzahnblätter – klein geschnitten
1	Apfel – in kleine Stücke geschnitten
3 EL	Walnüsse, Pecannüsse oder Pinienkerne – klein gehackt
4 EL	Öl
1 EL	weißer Essig
1	Zitrone – ausgepresst
	Salz und Pfeffer
etwas	Zucker

Die Marinade anrühren, über die Pilze geben und kurz ziehen lassen. Anschließend Äpfel und Nüsse einrühren. Als Letztes kurz vor dem Servieren die Löwenzahnblätter unterheben.

Bohnen-Salat (Navajo)

500 g	**Brechbohnen – in mundgerechte Stücke gebrochen**
1 klDo	**Kidney-Bohnen – abgetropft**
1	**rote Zwiebel – fein gewürfelt**
4 EL	**Öl**
3 EL	**Essig**
1 Bund	**Basilikum – die Blätter grob zerzupft**
	Salz und Pfeffer
100 g	**Schafs- oder Ziegenkäse – zerbröckelt**

Die Brechbohnen in etwas Salzwasser 20 Minuten garen. Abgießen und 2 Esslöffel vom Bohnenwasser auffangen und mit Öl, Essig, Salz und Pfeffer verrühren. Die beiden Bohnensorten und die Zwiebeln vermischen und mit der Sauce verrühren. Zum Schluss den Käse und die Basilikumblätter unterheben und den Salat eine Stunde durchziehen lassen.

Wildreis-Salat

500 g	**Wildreis – notfalls Naturreis**
½	**rote Paprika – klein geschnitten**
½	**grüne Paprika – klein geschnitten**
1	**Zwiebel – klein geschnitten**
100 g	**Walnüsse – gehackt**
5 EL	**Olivenöl**
1 EL	**Obst-Essig**
2 EL	**Sirup oder Honig**
	Pfeffer und Salz nach Geschmack

Den Wildreis in kochendes Wasser geben und etwa 60 Minuten köcheln lassen, bis die Körner aufplatzen. Abgießen, abschrecken, mit einem Esslöffel Öl verrühren und abkühlen lassen. Die letzten 3 Zutaten mit 4 Esslöffeln Öl verrühren, bis die Sauce cremig wird. Den Reis in einer Schüssel mit Nüssen, Zwiebeln und Paprika verrühren, die Sauce dazugeben und alles vermischen.

Bohnen-Mais-Reis-Salat

750 g	gekochter Wildreis – abgekühlt
1 miDo	Pinto-Bohnen – gut abgetropft
1 miDo	Maiskörner – gut abgetropft
6	Frühlingszwiebeln – fein gehackt
2	Jalapeños – entkernt und fein gehackt
8 EL	Öl
2 EL	Zitronensaft
1 EL	Obstessig
1 EL	brauner Zucker
1 TL	Chilipulver
1 TL	Salz

Den Reis mit dem gesamten Gemüse verrühren. Die Saucen-Zutaten miteinander vermischen, bis sich der Zucker aufgelöst hat. Die Sauce unter den Salat rühren. Mindestens 4 Stunden abgedeckt an einem kühlen Ort ziehen lassen. Gekühlt hält der Salat bis zu 3 Tagen.
Für 6 bis 8 Personen

Warmer Süßkartoffel-Salat (Choctaw)

1	große Süßkartoffel – gewürfelt
2	große Möhren – gewürfelt
2	mittelgroße Tomaten – gewürfelt
1 klDo	Kichererbsen – abgetropft
125 ml	Joghurt
4 Stiele	Petersilie – klein gehackt
1 TL	Zitronensaft
1 – 2 EL	Honig
	Salz und Pfeffer zum Abschmecken

Alle Zutaten für die Sauce gut vermischen und die Petersilie einrühren. Die Süßkartoffeln 10 Minuten kochen, anschließend die Karottenwürfel dazugeben und 5 weitere Minuten mitkochen oder bis beides bissfest ist. Das Wasser abgießen und Tomaten und Kichererbsen untermischen. Mit der Sauce übergießen, umrühren und nach kurzem Durchziehen warm servieren.

Bison und Rind

Eintopf aus Innereien (Plains)

Während die Jäger sich nach erfolgreicher Jagd gern die vitaminreiche rohe Leber des erlegten Tieres direkt vor Ort einverleibten, wanderten andere Innereien und alles, was entbehrlich war, in einen großen Topf. Daher sind sowohl die Zutaten als auch die Fleischeinlage und das Tier variabel.

Der Hauptteil des ausgeweideten Tieres wurde zum Grillen über dem Feuer oder Trocknen beiseitegelegt.

Je nach Größe des Tieres wurden Herz oder Zunge separat zubereitet oder wanderten ebenfalls mit den in kleine Stücke geschnittenen Nieren, Kutteln, Bries oder Hirn in den Eintopf. Dazu kamen weitere kleine Fleischstücke, Fleischknochen oder auch Markknochen, herausgeschabtes Knochenmark und fettige Stücke.

Alle fleischlichen Zutaten außer Leber (falls sie nicht schon gegessen wurde), Bries und Hirn lässt man gut mit Wasser abgedeckt in einem großen Topf mit Deckel zwei bis drei Stunden köcheln. Bei Bedarf muss Wasser nachgegossen werden.

Anschließend wurden Leber, Bries und Hirn sowie Gemüse und Kräuter hinzugefügt. Je nach Möglichkeiten konnten das kleingeschnittene Zwiebeln, Rüben, Mais oder auch Bohnen sein. Salz, Pfeffer, Chili, Piment oder was da ist, gibt dem Gericht die entsprechende Würze.

Danach köchelte das Gericht nochmals eine Stunde vor sich hin, bis es fertig war.

Soll die Leber verwendet werden, muss sie gut gewässert sein, da sie sonst das Gericht etwas bitter machen kann.

Dörrfleisch-Eintopf (Plains)

500 g	**Dörrfleisch vom Bison oder Rind** →*Jerky*
350 g	**getrocknetes Hominy** →*Hominy*
	oder
600 g	**frisches Hominy** →*Hominy*
4	**Frühlingszwiebeln – klein gehackt**
500 g	**Frühkartoffeln – gewürfelt**
1 TL	**getrockneter Salbei**
	Salz und Pfeffer

Dörrfleisch (mindestens 8 Stunden einweichen), Hominy und Frühlingszwiebeln mit Wasser bedeckt in einen großen Topf geben. Zugedeckt etwa 2 Stunden bei niedriger Temperatur köcheln lassen. Die Kartoffeln hinzufügen und den Eintopf mit Salbei, Salz und Pfeffer würzen. Weitere 30 bis 40 Minuten simmern lassen, bis die Kartoffeln gar sind. Bei Bedarf kann weiteres Wasser zugegeben werden.

Bison-Zunge

1	mittelgroße Bison- oder Rinderzunge
1 l	Wasser
1	mittelgroße Zwiebel – klein gehackt
1	handvoll Minzblätter
2 TL	Salz
250 ml	Essig
	Speckwürfel oder Fett

Die gesäuberte Zunge mit den anderen Zutaten in einen großen Topf geben und 3 bis 4 Stunden lang köcheln lassen. Pro Pfund sollte 1 Stunde gerechnet werden.
Wenn die Zunge gar ist, kurz in kaltes Wasser legen und die Haut abziehen. Anschließend die Zunge in 1 bis 1,5 cm dicke Scheiben schneiden.
Die Speckwürfel in einer Pfanne auslassen und die Zungenscheiben im Speckfett von beiden Seiten etwa 2 Minuten oder bis sie leicht gebräunt sind, braten.
Zungenscheiben wurden auch gerne als Proviant mitgenommen, da sie kalt gegessen oder auch am Feuer problemlos gebraten werden konnten.

Bisonherz-Steaks (Plains)

1 Bisonherz oder Rinderherz
1 EL Pfeffer
1 EL Salz
andere Gewürze nach eigenem Geschmack
2 EL Öl

Das Herz eine Stunde lang wässern. Anschließend Fettpolster, äußere Gewebeschicht, innere Knorpel und Adern entfernen. Pfeffer, Salz und Öl verquirlen. Das Herz in etwa 1,5 Zentimeter dicke Scheiben schneiden und mit dem Würzöl einpinseln.
Die Herzsteaks von beiden Seiten grillen oder auch braten. Da Herz sehr mager ist, sollte es höchstens medium gegrillt/gebraten werden, da es sonst zäh wird.
Anschließend fünf Minuten ruhen lassen.
Mit einer Sauce oder gewürzter Butter servieren.

Bisonbraten mit Früchten

1 – 2 kg Bisonbraten oder ersatzweise Rinderbraten
200 g getrocknete Früchte: Aprikosen, Pflaumen oder Beeren
250 ml Apfelsaft oder anderer Fruchtsaft
2 EL Zucker
½ TL Piment
¼ TL Ingwer
1 mittelgroße Zwiebel – in Ringe geschnitten
Bratenfett
Salz und Pfeffer
Mais- oder Weizenmehl

Die Trockenfrüchte ein paar Stunden einweichen. Den Braten pfeffern, salzen und in heißem Fett anbraten, so dass er von allen Seiten braun ist. Zucker, Piment und Ingwer in den Apfelsaft einrühren und über das Fleisch gießen. Die Zwiebeln hinzufügen. Aufkochen und anschließend ca. 2 Stunden zugedeckt köcheln lassen. Die abgetrockneten Früchte zum Braten geben und nochmals 30 Minuten köcheln lassen. Die Sauce mit Mehl andicken.

Rinderbraten (Pueblo)

1 kg	**Rinderbraten**
350 g	**getrocknete Kichererbsen – über Nacht einweichen**
½ l	**Wasser**
80 g	**Mehl**
4	**Scheiben geräucherter Bauchspeck – klein geschnitten**
4	**Zwiebeln – klein gehackt**
2	**Knoblauchzehen – fein gehackt**
2	**große Tomaten – in kleine Stücke geschnitten**
250 g	**milde grüne Chilischoten – klein gehackt**
1 – 2	**frische oder eingelegte Jalapeños – klein gehackt**
1 TL	**Kreuzkümmelpulver**
½ TL	**Oregano**
	Salz und Pfeffer

Den Speck mit Zwiebeln und Knoblauch in einem großen Topf anbraten und herausnehmen. Das flüssige Fett im Topf lassen. Das Fleisch im Mehl wälzen und im zurückgebliebenen Fett von allen Seiten anbraten. Die Speckmischung in den Topf zurückgeben und Tomaten, Chili, Gewürze und das Wasser hinzufügen. Zugedeckt bei niedriger Temperatur etwa 90 Minuten schmoren lassen. Die Kichererbsen hinzufügen und alles eine weitere Stunde oder bis Fleisch und Gemüse zart sind, köcheln lassen.

Rinderlende am Spieß

2 kg **Rinderlende**
60 ml **Öl**
4 **scharfe Chilischoten – entkernt und fein gehackt**
– ersatzweise ein paar Tropfen Tabasco

Die Chilistücke wenn möglich schon am Tag vorher im Öl einlegen. Das Chili-Öl gut in den Braten einmassieren. Das Lagerfeuer oder den Holzkohlengrill gut durchglühen lassen.
Das Fleisch auf einen Ast aus frischem Holz oder einen Spieß stecken. Zwei Astgabeln so neben dem Feuer platzieren, dass der Spieß 15 cm über der Glut hängt. Oder den Spieß im Grill in die dafür vorgesehene Öffnung stecken.
Den Spieß des Öfteren drehen, damit das Fleisch gleichmäßig gart, und zwischendurch immer wieder mit dem restlichen Chili-Öl einpinseln. Die Lende braucht etwa 45 bis 60 Minuten, bis sie gar ist.
Das Fleisch vor dem Anschneiden einige Minuten ruhen lassen, damit sich der Saft verteilt.

Chili-Rindfleisch (Apache)

500 g **Rindfleisch – gewürfelt**
Wasser
3 EL **Öl**
4 **rote Chilis – entkernt und in Scheiben geschnitten**
oder 3 EL Chilipulver
1 TL **Salz**
1 TL **Oregano**
1 **Knoblauchzehe – fein gehackt**
3 **große Tomaten – gestückelt**

Das Fleisch in wenig Wasser fast gar kochen. Aus dem Wasser herausnehmen und in einem Topf im Öl von allen Seiten anbraten. Die anderen Zutaten und die Fleischbrühe hinzufügen. Alles etwa 30 Minuten köcheln lassen.

Zucchini-Mais-Eintopf (Papago)

750 g	**Rindfleisch – gewürfelt – notfalls Schweine- oder Lammfleisch**
1 grDo	**Mais oder frische Maiskörner von 4 – 5 Kolben**
4	**Zucchini – gewürfelt**
2	**mittelgroße Zwiebeln – gewürfelt**
1	**Knoblauchzehe – zerdrückt**
4 EL	**Bratfett**
120 ml	**Wasser**
3 – 4	**grüne Chilis – entkernt und fein gehackt**
	Salz

Das Fleisch in 2 Esslöffeln Bratfett anbraten, das Wasser hinzufügen und etwa 30 Minuten zugedeckt köcheln lassen. In einem Topf Zwiebeln und den Knoblauch im restlichen Fett glasig werden lassen. Anschließend Zucchini, den abgetropften Mais und Chili hinzufügen und mit Salz abschmecken. Das Fleisch mit der Brühe in das Gemüse einrühren und etwa 20 Minuten simmern lassen.

Fleischbrot in Maisblättern (Taos)

5	**Maiskolben**
400 g	**Rauchfleisch – klein gehackt – notfalls Rinderhack**
1	**grüne Chilischote – entkernt und klein gehackt**
1	**Ei – verquirlt**
	Maiskolbenblätter

Den Backofen auf gemäßigte Hitze vorheizen. Die Blätter von den Maiskolben entfernen und beiseite legen. Den Mais vom Kolben schaben und zerdrücken. Das Fleisch, die Chilis und das Ei dazugeben und gut vermischen. Die Maisblätter nebeneinander auf eine Fläche von 20 x 30 cm auslegen, sodass sich die einzelnen Blätter überlappen. Den Maisteig in die Mitte geben und zu einem Laib formen. Die Blätter darüber zusammenfalten und mit Faden umwickeln, sodass sie sich nicht lösen können (notfalls mit Folie umwickeln).
Auf einem Backblech 60 bis 75 Minuten backen oder bis das Brot sich fest anfühlt.
Nach dem Auswickeln kann das Brot in Scheiben geschnitten und serviert werden.

Chili-Hackfleischpfanne (Pueblo)

1 kg	**Rinderhack**
1	**große Zwiebel – fein gewürfelt**
	Öl
5	**mittelgroße Kartoffeln – geschält – in dünne Scheiben geschnitten**
5	**große grüne Chilischoten – entkernt und klein gehackt**
	Salz

Das Öl erhitzen, die Zwiebeln und das Fleisch langsam darin anbraten. Die restlichen Zutaten hinzufügen und alles verrühren. Dem Gericht etwas Wasser hinzufügen und zugedeckt etwa 30 Minuten köcheln lassen oder bis die Kartoffeln gar sind.

Hackfleisch im Kürbis (Ojibwa)

1	**Kürbis von ca. 2 kg**
500 g	**Hackfleisch vom Rind oder Hirsch**
1	**große Zwiebel – fein gewürfelt**
150 g	**Wildreis – gekocht**
3	**Eier – verquirlt**
2 TL	**Salz**
½ TL	**Senfpulver**
2 EL	**ausgelassenes Speckfett oder anders Backfett**
1 TL	**Salbeipulver**
¼ TL	**Pfeffer**

Den Backofen auf gemäßigte Hitze vorheizen. Vom Kürbis einen Deckel abschneiden und alle Fasern und Kerne aus dem Inneren entfernen. Den Innenraum mit einem Teelöffel Salz und dem Senfpulver ausreiben. Das Öl in einer großen Pfanne erhitzen und die Zwiebeln und das Fleisch darin anbräunen. Mit dem Reis, den Eiern, dem zweiten Teelöffel Salz, Salbei und Pfeffer vermischen. Diese Mischung in den Kürbis füllen.
Den Kürbis in eine flache Auflaufform stellen, die 1 cm hoch mit Wasser gefüllt ist und bei gemäßigter Hitze ca. 90 Minuten oder bis das Kürbisfleisch gar ist, im Backofen backen. Bei Bedarf weiteres Wasser in die Form geben, damit der Kürbis nicht ansetzt.
Zum Servieren wird der Kürbis aufgeschnitten wie eine Torte.

Schwein, Schaf und Ziege

Fleischpastete (Choctaw)

Die Fleischpastete wird aus den Teilen eines Schweins hergestellt, für die man weniger Verwendung hatte, wie: Schwanz und Füße, Innereien und kleine vom Knochen geschabte Fleischstücke. Gelegentlich wurde auch der Schweinskopf dafür verwendet.
Mit Brühe, Maismehl, Kräutern und einigen Gewürzen wurde alles zu einem Brei verarbeitet. Die Beigabe der Kräuter und Gewürze variierte je nachdem, was verfügbar war.

4	**Schweinefüße**
	Schweineschwanz
	Herz und Nieren – gewürfelt
	Hirn und Leber – in Stücke geschnitten
	Knochen mit Fleischstücken dran
2 – 4 TL	**Salz**
2 – 4 TL	**Pfeffer**
1 – 2	**Salbeizweige oder andere Kräuter nach eigenem Geschmack oder Trockenkräuter**
750 g	**Maismehl**
	Schweineschmalz

Die Füße und den Schwanz mit Wasser bedeckt 60 Minuten im geschlossenen Topf köcheln lassen. Die anderen Innereien, bis auf Hirn und Leber, die Fleischknochen und die Gewürzzweige hinzufügen und nochmals 30 Minuten simmern lassen. Hirn und Leber hinzufügen und weitere 20 Minuten garen lassen. Wenn das Fleisch an den Füßen beginnt sich vom Knochen zu lösen, alles Fleisch aus dem Wasser nehmen. Das Fleisch von Füßen und Schwanz ablösen und das andere Fleisch von den Knochen schaben.
Alles durch den Wolf drehen und wieder in das Kochwasser zurückgeben. Die Gewürze und das Maismehl langsam einrühren, bis ein weicher Brei entsteht. Die Masse unter Rühren etwa 60 Minuten bei niedriger Hitze köcheln lassen, bis sie dicklich wird. Die Gewürzzweige entfernen.
Den Brei in eine gefettete Backform füllen und kaltstellen. Wenn die Masse abgekühlt und fest geworden ist, auf eine Platte stürzen und in etwa 1 cm dicke Scheiben schneiden.
Die Scheiben in einer Pfanne von beiden Seiten braten oder kalt zu Fladenbrot essen.

Schweinebraten (Navajo)

2 kg	Schweinebraten mit Kruste
6 EL	Schweineschmalz oder Pflanzenöl
3	Zwiebeln – klein gehackt
3	Knoblauchzehen – fein gehackt
4	getrocknete Wacholderbeeren – zerdrückt
½ TL	Koriander
1	Lorbeerblatt
4	große Tomaten – geviertelt
300 ml	Wasser
150 ml	Obstessig
100 ml	Honig
2 EL	Chilipulver
2 TL	Salz
50 g	Bitterschokolade – geraspelt

Das Fleisch mit der Schwarte nach oben bei 175 °C für ca. 3 Stunden in einem Bräter in den Backofen geben. Gelegentlich mit der Bratensauce einpinseln. Das Schmalz in einem Topf erhitzen und die Zwiebeln darin weich dünsten. Knoblauch, Wacholderbeeren, Koriander und das Lorbeerblatt dazu geben und weitere 3 Minuten dünsten. Tomaten, Wasser, Essig, Honig, Chili und Salz hinzufügen. Alles 30 Minuten ohne Deckel köcheln lassen. Die Schokolade einrühren und nochmals 20 Minuten simmern lassen, bis die Sauce eingedickt ist. Den Braten vor dem Servieren 10 Minuten ruhen lassen, damit sich der Saft verteilt.
Anschließend aufschneiden und mit der Sauce servieren.

Schweinefleisch-Mais-Eintopf (Pueblo)

1 kg	Schweineschulter
500 g	frische Maiskörner
100 g	geröstete, milde grüne Chilischoten – klein gehackt
1 – 2	Jalapeños (frisch oder eingelegt) – entkernt und klein gehackt
1	große Zwiebel – klein gehackt
2	Knoblauchzehen – fein gehackt
1	große Tomate – gestückelt
2 TL	Oregano
	Salz

Alle Zutaten in einen großen Topf geben und so viel Wasser zugießen, dass die Zutaten gut damit bedeckt sind. Anschließend zugedeckt 90 Minuten köcheln lassen. Das Fleisch herausnehmen, in Stücke schneiden und wieder in den Topf zurückgeben. Mit Salz und Oregano würzen und nochmals etwa 30 Minuten köcheln lassen.

Hammel-Eintopf (Papago)

1 kg	Hammelfleisch – gewürfelt
6 EL	Pflanzenöl
1	große Zwiebel – gehackt
2	Knoblauchzehen – fein gehackt
3 EL	Chilipulver
3	große Tomaten – enthäutet und in Würfel geschnitten
350 g	gekochte Pinto-Bohnen oder eine mittlere Dose Pinto-Bohnen
2	große Kartoffeln – geschält und gewürfelt
800 ml	Wasser
	Salz und Pfeffer
	Maisklößchen → *Maisklößchen*

Das Öl in einer großen, schweren Pfanne erhitzen. Das Fleisch im Öl bei mittlerer Temperatur anbräunen lassen, aus der Pfanne nehmen und beiseite legen. Die Zwiebeln und den Knoblauch in der Pfanne glasig werden lassen, anschließend das Fleisch in die Pfanne zurücklegen und die restlichen Zutaten, außer den Klößchen, hinzufügen. Bei gemäßigter Temperatur ca. 2 Stunden köcheln lassen. Die Maisklößchen hinzufügen und nochmals 20 Minuten weiter garen lassen.

Lammkeule mit Zwiebelsauce (Navajo)

3 kg **Lammkeule – küchenfertig**
1 TL **Salz**
1 TL **Pfeffer**
80 ml **Obstessig**
3 EL **Öl**

Für die Zwiebelsoße
500 ml **Hühnerbrühe**
2 EL **Öl**
1 **sehr große gelbe Zwiebel – halbiert in dünne Scheiben geschnitten**
2 **Zweige frischer Thymian**
1 **Zweig frischer Rosmarin**
5 **getrocknete Wacholderbeeren**
1 TL **Salz**
1 TL **Pfeffer**
Wasser nach Bedarf

Den Backofen auf 200 °C vorheizen. Die Keule von allen Seiten mit Salz und Pfeffer würzen und mit dem Obstessig bestreichen. Öl in einer großen ofenfesten Pfanne erhitzen und Fleisch von allen Seiten anbraten, bis es gleichmäßig gebräunt ist, insgesamt etwa 8 Minuten. Anschließend auf der mittleren Schiene in den Ofen stellen und etwa 40 Minuten lang rösten,.
Wenn die Keule sehr groß und dick ist, kann es weitere 40 bis 45 Minuten dauern, bis der Braten rosarot und gar ist.
Während das Lamm brät, die Zwiebelsauce vorbereiten. Das Öl in einer mittelgroßen Bratpfanne erhitzen. Zwiebel, Thymian, Rosmarin, Wacholderbeeren, Salz und Pfeffer hinzufügen. Die Hitze auf mittlere Stufe reduzieren und unter häufigem Rühren etwa 20 Minuten lang oder bis die Zwiebeln weich und braun sind, weiter köcheln lassen.
Sobald die Zwiebeln gebräunt sind, die Brühe hinzufügen und etwa 10 Minuten weiter köcheln lassen, bis sich die Flüssigkeit auf die Hälfte reduziert hat. Vom Herd nehmen und die Kräuterstiele und Wacholderbeeren entfernen.
Wenn das Lammfleisch fertig ist, aus dem Ofen nehmen und 10 Minuten lang ruhen lassen, bevor es in Scheiben geschnitten wird.
Warm mit der Zwiebelsauce servieren.

Fleischbrot vom Lamm (Pueblo)

500 g	**gehacktes Lammfleisch**
2	**große Tomaten – in kleine Stücke geschnitten**
250 g	**Weißbrot – gewürfelt**
1	**Zwiebel – fein gehackt**
1 TL	**Oregano**
	Salz und Pfeffer

Alle Zutaten gut vermischen und mit Salz und Pfeffer abschmecken. Die Masse in eine gefettete Kastenbackform geben und im Backofen bei mittlerer bis starker Hitze ca. 40 Minuten lang backen.

Ziegen-Eintopf

2 kg	**Ziegenfleisch – mit Knochen in kleinere Stücke geschnitten**
4	**Frühlingszwiebeln – grob gehackt**
2 l	**Wasser**
2 EL	**Öl**
6	**große Tomaten – in Stücke geschnitten**
4	**Zwiebeln – in dünne Scheiben geschnitten**
2	**Paprika – in Stücke geschnitten**
1 EL	**Oregano – fein gehackt**
1 EL	**Basilikum – fein gehackt**
6 EL	**Tomatenmark**
	Salz + Pfeffer nach Geschmack
1 – 2	**Jalapeños, falls gewünscht – entkernt und fein gehackt**

Fleisch- und Knochenstücke mit den Frühlingszwiebeln, etwas Salz und mit Wasser gut bedeckt in einen großen Topf geben. Zum Kochen bringen und mit geschlossenem Deckel etwa 40 Minuten köcheln lassen. Anschließend die Flüssigkeit abgießen und beiseitestellen.
Öl in den Topf geben und das Fleisch darin kurz anbraten. Die Zwiebeln, Tomaten, Paprika, Oregano und Basilikum zum Fleisch geben. Das Tomatenmark einrühren und den Eintopf mit Salz und Pfeffer abschmecken. So viel von der beiseitegestellten Brühe dazugießen, dass alles gut bedeckt ist, und weitere 30 Minuten mit Deckel köcheln lassen.

Wild

Wild-Wurst (Pueblo)

500 g **Wildfleischhack – ersatzweise Rinderhack**
100 g **fetter Speck – in winzige Stücke geschnitten**
½ TL **schwarzer Pfeffer**
½ TL **Senfpulver**
½ TL **Selleriepulver**
2 TL **Hickory-Salz**
½ TL **Knoblauchpulver**
1 TL **Salz**

Alles gut verkneten und 24 Stunden kalt stellen. Ein weiteres Mal durchkneten und nochmals 24 Stunden an einen kühlen Ort stellen. Den Vorgang noch zweimal wiederholen und anschließend das Fleisch zu einer Wurstrolle formen. In eine flache Pfanne legen und 8 Stunden lang bei 65 °C im Backofen lassen, damit die Wurst trocknet.

Wildreste-Auflauf

500 g **Wildreste – gebraten oder roh – in kleine Stücke geschnitten**
500 g **Wildreis – gekocht**
250 ml **Saure Sahne**
100 g **fetter Speck – in kleine Würfel geschnitten**
1 **mittelgroße Zwiebel – klein gehackt**
Majoran und Piment – nach Geschmack
Salz und Pfeffer
150 g **geriebener Käse**

Den Speck auslassen und die Zwiebeln darin glasig dünsten. Falls das Wildfleisch noch roh ist, im Speckfett mitbraten. Die Saure Sahne mit den Gewürzen verrühren. Anschließend alle Zutaten, außer dem Käse, gut miteinander verrühren und in eine gefettete Auflaufform füllen. Mit dem Käse bestreuen und bei 200 °C backen, bis der Käse zerlaufen und leicht gebräunt ist.

Wild-Hackbällchen

750 g	**Wildfleischhack – ersatzweise Rinderhack**
500 g	**Süßkartoffeln – gerieben**
1	**kleine Zwiebel – fein gehackt**
1 ½ TL	**Salz**
¼ TL	**Pfeffer**
1	**Ei**
125 ml	**Milch**
125 g	**Butter**
750 ml	**Wasser**
2 – 3 EL	**Mehl**
250 ml	**Saure Sahne**
	frischer Koriander – klein geschnitten

Fleisch, Süßkartoffeln, Zwiebeln, Salz, Pfeffer und das Ei gut vermengen. Nur so viel Milch dazu geben, dass sich die Masse zu Bällchen von 4 cm Durchmesser formen lässt. Die Fleischbällchen in einer schweren Pfanne in der Butter bräunen. 250 ml Wasser hinzufügen und 20 Minuten simmern lassen. Die Fleischbällchen aus der Pfanne nehmen, Mehl einrühren, das restliche Wasser hinzufügen und die Brühe eindicken lassen. Die Temperatur herunterstellen und Sahne und Koriander hinzufügen. Anschließend die Fleischbällchen wieder dazugeben und das Gericht 3 Minuten erwärmen, aber nicht aufkochen lassen.

Wildeintopf (Nördliche Plains)

1 kg	**Hirsch-, Reh-, Bison- oder notfalls Rindfleisch – gewürfelt**
75 ml	**Ahornsirup oder Melasse**
1 l	**Wasser**
3 – 4	**Frühlingszwiebeln – in Ringe geschnitten**
4	**weiße Rüben – gewürfelt**
4	**mittelgroße Kartoffeln – gewürfelt**
1	**Porreestange – in dünne Scheiben geschnitten**
	Salz nach Geschmack

Das Fleisch in einer tiefen Pfanne bräunen und anschließend die restlichen Zutaten dazugeben. Bei mittlerer Hitze ca. 60 Minuten köcheln lassen, bis das Fleisch gar, aber noch zart ist.

Hirscheintopf (Zuni)

1 ½ kg	**Hirschfleisch – gewürfelt**
4 EL	**Mehl**
6 EL	**Pflanzenöl**
1	**mittelgroße Zwiebel – klein gehackt**
2	**grüne Chilischoten (scharf oder mild) – entkernt und gehackt**
2	**große Möhren – in Scheiben geschnitten**
2	**große Kartoffeln – gewürfelt**
1	**große Rübe – gewürfelt**
1 l	**Wasser**
1 EL	**Oregano**

Das Fleisch im Mehl wenden. Das Öl in einer großen Pfanne erhitzen und das Fleisch darin anbräunen. Das Fleisch herausnehmen und in einen großen Topf füllen. Im gleichen Öl Zwiebeln und Chilischoten glasig werden lassen und anschließend zusammen mit dem Wasser und dem Oregano zum Fleisch geben. Aufkochen und bei gemäßigter Hitze 60 Minuten köcheln lassen, bis das Fleisch fast gar ist. Die Möhren, Kartoffeln und Rüben hinzufügen und nochmals 20 bis 30 Minuten simmern lassen oder bis das Gemüse gar ist.

Gefülltes Hirschherz

1	**Hirschherz – notfalls auch Rinderherz**
60 g	**Butter**
1	**Zwiebel – klein gehackt**
300 g	**Waldpilze – notfalls Champignons – in Scheiben geschnitten**
200 g	**Brotkrumen**
	Salz und Pfeffer nach Geschmack
	Wasser für die Auflaufform

Das Innere des Herzens herausschneiden und zerhacken. Die Butter zerlassen und Zwiebeln, Pilze und Herzstückchen darin dünsten. Brotkrumen, Pfeffer und Salz hinzufügen und verrühren. Das Herz mit der Mischung füllen, zunähen und mit etwas Wasser in eine feuerfeste Form legen. Bei gemäßigter Hitze 2 Stunden, oder bis es gar ist, backen.

Rehherz (Osage)

1 **Rehherz – notfalls Rinder- oder Schweinherz**
3 EL **Bratfett**
4 EL **Mehl**
1 EL **Salz**
¼ TL **Pfeffer**
1 **Zwiebel – klein gehackt**
2 **Karotten – in Scheiben geschnitten**
2 **Stangen Sellerie – in dünne Scheiben geschnitten**
1 **grüne Paprika – klein gehackt**
Wasser

Das Herz eine Stunde, besser über Nacht, in Salzwasser ziehen lassen. Wichtig ist, dass das Herz ganz mit Wasser bedeckt ist.
Mehl, Salz und Pfeffer gut vermischen. Das abgetrocknete Herz in dicke Scheiben schneiden und in der Würzmehlmischung wenden. Die Scheiben im Fett anbraten, bis sie leicht braun sind. Soviel Wasser hinzufügen, dass sie gerade bedeckt sind. Eine Stunde simmern lassen, dann das Gemüse hinzufügen und alles noch 20 Minuten oder bis das Gemüse bissfest ist, köcheln lassen.
Falls erforderlich, weiteres Wasser hinzugeben. Die Sauce mit dem restlichen gewürzten Mehl andicken.

Persimonen-Rehbraten (Wichita)

1 ½ kg **Reh- oder Hirschbraten**
250 g **Persimonen-Gelee oder ersatzweise Pflaumen-Gelee**
Pfeffer und Salz nach Geschmack
Butter

Den Rehbraten in einen gefetteten Bratentopf legen und pfeffern und salzen. Das Gelee über den Braten verteilen. Im Backofen bei mittlerer Hitze 90 Minuten braten bzw. bis das Fleisch gar ist.

Hirschpfanne mit Eichelklößchen

1 kg	**Hirschbraten – notfalls Rinderbraten – in Würfel geschnitten**
1 l	**Wasser**
4	**Scheiben geräucherter Bauchspeck – klein geschnitten**
2	**mittelgroße Zwiebeln – klein gehackt**
2	**Lorbeerblätter**
1 TL	**Salz**
3	**Kartoffeln – gewürfelt**
1	**große weiße Rübe – gewürfelt**
3	**große Möhren – gewürfelt**
100 ml	**Wasser**
30 g	**Eichelmehl oder Haselnussmehl** → ***Eichelmehl***
	Eichel- oder Haselnussklößchen → ***Eichelklößchen***

Den Speck in einer großen Pfanne bei mittlerer Temperatur auslassen. Anschließend das Fleisch darin anbraten. Den Liter Wasser, die Zwiebeln, Lorbeerblätter und Salz hinzufügen. Zugedeckt etwa 90 Minuten köcheln lassen. Die Kartoffeln, Rüben und Möhren hinzufügen und weitere 30 Minuten garen lassen. Das restliche Wasser mit dem Eichelmehl verrühren und zu dem Eintopf hinzufügen.
Die Eichel- oder Haselnussklößchen esslöffelweise in den Eintopf geben und 12 bis 15 Minuten garen.

Hirschsteaks (Osage)

	Hirsch- oder Rehsteaks
	Schmalz
	Mehl
	Salz und Pfeffer nach Geschmack
500 ml	**Saure Sahne**

Die Steaks pfeffern und salzen, im Mehl wälzen und im erhitzten Schmalz in einer gusseisernen Pfanne von beiden Seiten kurz anbraten. Die Hitze herunterstellen und die Saure Sahne über den Steaks verteilen. Bei niedriger Hitze das Fleisch gar werden lassen.

Wildschwein-Steaks in Jalapeño-Sauce

	Wildschwein-Steaks 2,5 cm dick – notfalls Schweine-Steaks
6 EL	**brauner Zucker**
60 ml	**Essig**
250 ml	**Fleischbrühe**
100 g	**Speck – gewürfelt**
2	**Jalapeños – entkernt und fein gehackt**
1	**kleine Zwiebel – fein gehackt**
	Salz und Pfeffer
	frischer Koriander – fein geschnitten
1 EL	**Maismehl**

Den Speck anbraten, alle Saucen-Zutaten außer Maismehl hinzufügen und zum Kochen bringen. Das Maismehl mit etwas kalten Wasser vermengen und in die Sauce einrühren. Die Hitze herunterstellen und alles 15 Minuten köcheln lassen. Gekühlt kann die Sauce 2 bis 3 Tage aufbewahrt werden.
Die Steaks bei mittlerer Hitze grillen. Idealerweise über Mesquite- oder Hickory-Holz.
Vor dem Servieren mit Jalapeño-Sauce übergießen.

Frischling am Spieß (Apache)

1	Wildschweinfrischling oder Hausferkel – 3 bis 6 Wochen alt
8	Scheiben gestreifter Speck – in kleine Würfel geschnitten
8	Zwiebeln – klein gehackt
8	große Äpfel – in Stücke geschnitten
1 TL	Piment
500 g	getrocknete Brotkrumen
2 TL	Salz
1 TL	Pfeffer

Den Speck in einem großen Topf auslassen und die Zwiebeln darin glasig werden lassen. Brotkrumen, Piment, Salz, Pfeffer und die Apfelstücke dazugeben und 10 Minuten mitgaren lassen oder bis die Apfelstücke fast weich sind.
Den Frischling mit der Mischung füllen und gut zunähen. Das Tier auf einen Bratenspieß stecken und über dem Feuer unter ständigem Drehen rösten. Wenn der Frischling gar ist, die Naht aufschneiden und die Füllung herausholen und zu den Fleischstücken servieren.

Hase am Spieß (Apache)

1	Hase, notfalls Kaninchen – küchenfertig
4 EL	Butter – zerlassen
1	Zitrone – ausgepresst
6 EL	Honig
1	Knoblauchzehe – fein gehackt
1 TL	Chilipulver

Alle Zutaten für die Marinade vermischen und eine Stunde kalt stellen. Den Hasen längs auf einen Drehspieß stecken und mit der Marinade einpinseln. Das Tier etwa 50 bis 60 Minuten grillen und dabei gelegentlich mit der Marinade bestreichen.
Der Abstand vom Spieß zum Feuer sollte nicht unter 30 cm liegen.

Kaninchen-Eintopf (Plains)

1	Kaninchen – in Stücke geschnitten
2 TL	Salz
	Wasser
3	Zwiebeln – klein gehackt
2	weiße Rüben – gewürfelt
2	handvoll Löwenzahnblätter
	grüne Minze – Menge nach Geschmack
	Klöße → *Klöße*

Die Kaninchenteile mit Wasser bedecken und bei gemäßiger Hitze eine Stunde lang köcheln lassen oder solange, bis das Fleisch sich gut von den Knochen lösen lässt. Das Kaninchen aus dem Topf nehmen, das Fleisch von den Knochen lösen, in kleine Stücke schneiden und in den Topf zurückgeben. Salz, Zwiebeln, Rüben und Minze hinzufügen und nochmals 30 Minuten simmern lassen. Den Kloßteig esslöffelweise in den Eintopf geben und weitere 15 Minuten mitköcheln lassen.
Vor dem Servieren den Eintopf 5 Minuten lang ziehen lassen.

Kaninchen-Eintopf (Zuni)

1	fettes Kaninchen – in Stücke zerteilt
	Öl
500 g	frisches Hominy → *Hominy* – ersatzweise 1 große Dose Mais
1	rote Paprika – in kleine Stücke geschnitten
2	mittelgroße Zwiebeln – klein gehackt
6	Möhren – gewürfelt
1	milde rote Chili – entkernt und klein gehackt
2 TL	Salz
	etwas Wasser
	Maismehl

Öl in einem großen Topf erhitzen und die Kaninchenteile darin von allen Seiten anbraten. Anschließend ein wenig Wasser hinzufügen und die Kaninchenteile darin zugedeckt eine Stunde schmoren lassen. Das Gemüse und die Gewürze hinzufügen und solange köcheln lassen, bis die Möhren gar sind. Den Eintopf mit dem Maismehl nach Belieben andicken.

Geflügel

Hühnereintopf (Pawnee)

1	Huhn – 1,2 bis 1,5 kg schwer
2	Lorbeerblätter
6	Pfefferkörner
1	Scheibe Knollensellerie – gewürfelt
	Wasser
2	große Kartoffeln – gewürfelt
2	große Zwiebeln – klein gehackt
1 grDo	Mais
1 grDo	kleine weiße Bohnen
6	Tomaten – gewürfelt
½ TL	Oregano
	Salz und Pfeffer nach Geschmack

Huhn, Lorbeerblätter, Pfefferkörner und Sellerie in einen großen Topf geben und kochen lassen, bis sich das Huhn leicht vom Knochen lösen lässt. Das Huhn herausnehmen, das Fleisch von den Knochen abpulen, in kleine Stücke schneiden und in den Topf zurückgeben. Alle Zutaten bis auf die Tomaten hinzufügen und 20 Minuten zugedeckt köcheln lassen. Die Tomaten dazugeben und nochmals 10 bis 15 Minuten simmern lassen.
Für bis 8 bis 10 Personen

Mais-Hühnchen (Comanche)

500 g	**gekochtes Hühnerfleisch – in kleine Stücke geschnitten**
3	**Eier – verquirlt**
750 g	**frischer Mais oder eine große Dose Mais – gut abgetropft**
1	**grüne Paprika – in dünne Ringe geschnitten**
125 g	**Brotkrumen oder Paniermehl**
250 ml	**Sahne**
1 EL	**Butter**
1 EL	**Maismehl**
¼ l	**Milch**
	Salz und Pfeffer

In einem Topf die Butter zerlassen und das Mehl einrühren, bis die Masse glatt ist. Die kalte Milch nach und nach zugeben und aufkochen. Die Sahne und die Eier einrühren. In einer gefetteten hohen Pfanne die Hühnerstücke und den Mais in Lagen schichten. Die Eiermasse darüber gießen und Paprikaringe und Brotkrumen darüber verteilen. Bei mittlerer Hitze etwa 30 Minuten zugedeckt backen lassen oder bis die Ei-Mischung gestockt ist.

Waldhuhn mit Spinat

2	**Waldhühner oder ein Haushuhn von etwa 1 kg**
4 EL	**Schweineschmalz**
250 g	**frischer Spinat oder ähnliches Gemüse – klein geschnitten**
6	**Frühlingszwiebeln – in Ringe geschnitten**
8 – 10	**gehackte frische Minzblätter oder ½ TL getrocknete Minze**
	Salz und Pfeffer

Die Hühner mit 2 Esslöffeln Schmalz einreiben und am Spieß über dem Feuer, im Backofengrill oder in einer Pfanne anbräunen. Anschließend mit dem restlichen Schmalz, den Zwiebeln und der Minze in einen großen Topf geben und mit Wasser bedeckt einmal aufkochen. Anschließend bei niedriger Temperatur 30 Minuten köcheln lassen. Die Spinatblätter hinzufügen und nochmal 30 Minuten, oder bis das Fleisch gar ist, köcheln lassen.
Mit Salz und Pfeffer würzen und mit Maisküchlein servieren.

Huhn in Schokoladensauce (Pueblo)

1	Huhn oder Hühnerteile

Für die Sauce:

60 ml	Öl
1	Zwiebel – sehr fein gehackt
2	Knoblauchzehen – sehr fein gehackt
¼ l	Wasser, Gemüse- oder Hühnerbrühe
4 TL	Chilipulver Ancho
4 TL	Chilipulver Chipotle
1 – 2 TL	Piment
100 g	Bitterschokolade 66 % Kakao oder mehr – klein gehackt
	Salz

Das Huhn oder auch die Hühnerteile in Wasser oder Gemüsebrühe gar kochen. Währenddessen in einem kleinen Topf Zwiebeln und Knoblauchzehen im Öl weichdünsten und auf einem Teller beiseitestellen.
In dem Topf nun das Wasser oder die Brühe erhitzen und das Chilipulver einrühren. Die Schokolade in die Chili-Mischung geben, darin schmelzen lassen und gut verrühren. Die Zwiebel-Knoblauch-Mischung und den Piment hinzufügen, gut verrühren und mit etwas Salz würzen. Das Ganze auf kleiner Flamme weiterköcheln lassen und rühren, bis die Sauce schön dickflüssig wird. Aufpassen, dass sie nicht ansetzt und heiß zum Fleisch servieren.
Diese herb-süßlich-scharfe Sauce passt nicht nur gut zu Geflügel, sondern auch zu Schweinefleisch und hält sich ein paar Tage an einem kühlen Ort.

Wildgeflügel mit Pilzen (Taos Pueblo)

1 ½ kg	**Wildgeflügel- oder Hausgeflügelteile**
600 g	**Wildpilze – in Stücke geschnitten**
10	**Frühlingszwiebeln – in Ringe geschnitten**
3	**Tomaten – in Stücke geschnitten**
2 EL	**frischer Dill – fein gehackt**
3 EL	**Butter**
	Salz und Pfeffer

Die Geflügelteile mit Salz und Pfeffer würzen. Die Butter in einer großen Pfanne anbräunen und die Hühnerteile darin anbraten. Zwiebeln, Pilze, Tomaten und Dill dazugeben und zugedeckt bei niedriger Hitze 30 Minuten im Backofen garen lassen.
Den Deckel abnehmen und das Gericht bei mittlerer Hitze für 15 bis 20 Minuten, bis die Hühnerteile gar sind, im Backofen braten.

Comanche-Chicken

1	**großes Huhn – in 6 bis 8 Teile zerlegt**
	Fett zum Anbraten
2	**dünne Porreestangen – in Ringe geschnitten**
2	**große Äpfel – geschält, entkernt und in Schnitzen geschnitten**
2	**mittelgroße Zwiebeln – klein gehackt**
3	**Knoblauchzehen – fein gehackt**
200 ml	**Saure Sahne**
200 g	**geviertelte Pecannüsse oder Walnüsse**
	Maismehl oder Weizenmehl nach Bedarf zum Andicken
	Pfeffer, Salz und Thymian nach Geschmack

Die Hühnerteile mit Salz, Pfeffer und Thymian würzen. In einem Bratentopf Fett erhitzen und Zwiebeln und Knoblauch darin glasig werden lassen. Die Hühnerteile dazugeben und von beiden Seiten goldbraun anbraten. Mit Wasser ablöschen und den Porree hinzufügen. Später die Äpfel, damit sie nicht zu weich werden, und die Nüsse. Langsam gar köcheln. Die Saure Sahne einrühren und die Sauce mit Mehl andicken.
Das Huhn mit Wildreis servieren.

Präriehuhn mit Süßkartoffeln (Pawnee)

2	Präriehühner oder Haushühner von je ca. 900 g
3	Stangen Staudensellerie – in kleine Stücke geschnitten
2	große Zwiebeln – klein gehackt
3 – 4 EL	gehackter frischer Salbei oder 3 – 4 TL Trockensalbei
6 EL	flüssiger Honig oder Melasse
4	mittelgroße Süßkartoffeln
2 EL	frischer Schnittlauch – klein gehackt
4 EL	Sonnenblumenkerne – geschält und in der Pfanne geröstet
	Pfeffer und Salz

Den Backofen auf gemäßigte Hitze vorheizen. Die Hühner innen mit Salz und Pfeffer würzen. Sellerie, Zwiebeln und Salbei mischen und die Hühner damit füllen und zunähen. Die Hühner mit einem Esslöffel Honig bestreichen und in einen Bräter geben. Die Süßkartoffeln waschen, ein- bis zweimal mit der Gabel einstechen und neben die Hühner in die Bratform legen und bei 200 °C in den Backofen stellen. Die Bratzeit beträgt ca. 45 bis 60 Minuten oder bis die Kartoffeln gar sind.
Vor dem Servieren die Kartoffeln an der Oberseite einschneiden, mit dem restlichen Honig beträufeln und Schnittlauch und Sonnenblumenkerne in die Spalte streuen

Tortilla-Hühnertopf (Hopi)

1 kg	gekochtes Hühnerfleisch – klein gewürfelt
1 l	Hühnerbrühe
250 ml	Saure Sahne
	Mehl zum Andicken
1	mittelgroße Zwiebel – fein gehackt
4	grüne Chili – entkernt und fein gehackt
	gehobelter Käse – Menge nach Belieben
10	Tortillas

Die Hühnerbrühe und Saure Sahne zusammen mit etwas Mehl köcheln lassen, bis die Suppe cremig wird. Hühnerfleisch, Zwiebeln und Chili hinzufügen. Beliebig viel Käse einrühren und weiterköcheln lassen, bis sich der Käse mit den anderen Zutaten verbunden hat. Von der Mixtur etwas auf den Boden einer tiefen, großen Pfanne geben. Anschließend jede Tortilla mit einem weiteren Teil der Mixtur füllen, zusammenrollen und nebeneinander in die Pfanne legen. Die Tortillas mit der restlichen Mixtur übergießen. Alles mit weiterem Käse überstreuen und die Pfanne für 30 Minuten bei gemäßigter Hitze in den Backofen schieben.

Hühnerbrust mit Ahornsirup (Ojibwa)

4 **Teile Hühnerbrust oder Schenkel – mit oder ohne Haut**
60 g **Butter**
125 g **Mehl**
½ TL **Piment**
100 g **Walnüsse – gehackt**
80 ml **Ahornsirup**

Mehl und Piment vermischen und die Hühnerteile darin panieren. Die Butter erhitzen und die Hälfte der Nüsse und Hühnerteile darin von beiden Seiten gut anbraten. Anschließend in einer Pfanne für 20 bis 30 Minuten bei 175 °C in den Backofen stellen. Den Ahornsirup erwärmen, über die Hühnerteile gießen und diese mit den restlichen Nüssen bestreuen.

Ente mit Wildreis-Füllung

1	große Ente
	Innereien der Ente
250 g	Wildreis – gekocht
100 g	Pinienkerne
2	saure Äpfel – in kleinen Stücken
1	Zwiebel – klein gehackt
1 TL	Bohnenkraut – fein gehackt
2 EL	Petersilie – fein gehackt
2 EL	Mehl
¾ l	Wasser
	Sour Cream, wenn vorhanden
	Salz und Pfeffer

Wildreis, Pinienkerne, Äpfel, Zwiebeln und Gewürze vermischen und kräftig mit Salz und Pfeffer abschmecken. Die Ente mit der Reismischung füllen und zunähen oder zustecken. Bei 165 °C mit der Brustseite nach unten etwa 60 Minuten im Backofen braten. Die Ente wenden, mit Bratenflüssigkeit bestreichen und eine gute weitere Stunde braten. Die Ente ist gar, wenn beim Anstechen mit einer Nadel klarer Saft aus dem Schenkel austritt. Während die Ente brät, die Innereien mit Salz in dem Wasser zu einer Brühe kochen. Nach dem Braten den Bratensatz mit der Brühe aufkochen, salzen und pfeffern und nach Belieben andicken. Mit Sour Cream verfeinern.

Wildente vom Grill

1 Wildente
frische Rosmarinzweige
frische Thymianzweige
1 EL Salz

Die Enten entlang des Rückgrats einschneiden und den Brustknochen nach unten drücken, bis die Ente flach liegt. Rundherum mit den Thymian- und Rosmarinzweigen spicken und salzen. Mit der Haut nach unten grillen, bis die Ente eine schöne braune Farbe hat. Anschließend umdrehen und grillen, bis das Fleisch medium ist. Nicht übergaren, da Wildenten sonst hart und trocken werden.
Für 2 Personen

Gefüllte Wildgans (Sioux)

1	**Wildgans oder Hausgans 3 bis 4 kg oder auch Truthahn**
120 g	**geschmolzene Butter**
1 TL	**Thymian**
20	**zerdrückte Wacholderbeeren**
1 EL	**Salz**
½ TL	**Pfeffer**
500 g	**Cranberrys**
1 kg	**Apfelstückchen**
500 g	**beliebige Sorte Nüsse – grob gehackt**

Die Butter schmelzen und mit Thymian, Salz, Wacholderbeeren und dem Pfeffer vermischen. Die Gans mit der Mischung von innen und außen einreiben. Cranberrys, Apfelstücke und Nüsse mit der restlichen Gewürzmischung vermengen und in die Gans füllen. Die Gans zunähen und im Backofen auf einem Rost über einer Pfanne 15 Minuten bei starker Hitze rösten. Anschließend bei gemäßigter Hitze 3 Stunden oder bis das Tier gar ist, braten.
Die Gans möglichst oft mit Fett aus der Bratenpfanne einpinseln.

Gefüllter Truthahn (Pueblo)

1	wilder Truthahn oder Haustruthahn – 4 bis 5 kg schwer
	Salz und Pfeffer
3 EL	zerlassene Butter
1 – 2 TL	Chilipulver
1	halbierte Zwiebel
2	Petersilien-Wurzeln – notfalls Staudensellerie – gestückelt
50 g	Mehl
1 l	Wasser
	Pinienkern-Rosinen-Füllung → *Seite 147*
	Mais-Pilz-Füllung → *Seite 148*

Den Backofen auf gemäßigte Hitze vorheizen. Die Innereien und den Hals vom Truthahn beiseitelegen. Den Truthahn innen und außen mit Salz und Pfeffer einreiben. Die Füllung in die Halsöffnung und die Bauchhöhle füllen und zunähen. Die Butter mit dem Chili vermengen und den Vogel damit bestreichen. In einer Bratenpfanne in den Backofen stellen und braten. Je 500 Gramm Fleisch rechnet man ca. 20 Minuten. Der Truthahn ist gar, wenn man in die Schenkel sticht und der austretende Saft keine rosa Färbung mehr hat.
Während der Truthahn brät, den Hals, die Innereien (ohne die Leber), die Zwiebel, Petersilien-Wurzeln und das Wasser in einen Topf geben, aufkochen lassen. Anschließend köcheln lassen, bis die Innereien gar sind. Die Brühe durch ein Sieb gießen und beiseitestellen. Die Innereien und die rohe Leber zerhacken. Den fertigen Truthahn aus dem Bräter nehmen und warm stellen. Den Bratensaft in einen Topf abgießen. Von der Oberfläche 6 Esslöffel Fett abnehmen, in den Bräter geben und das Mehl unter Rühren anbräunen. Die gehackten Innereien dazugeben und anbraten. Vom Bratensaft das restliche Fett abschöpfen und die übriggebliebene Brühe zu den Innereien geben. Die Sauce bei mittlerer Hitze eindicken lassen.

Pinienkern-Rosinen-Füllung

500 g	**getrocknetes Weißbrot oder Pueblo-Brot** → *Seite 67* **– gewürfelt**
100 g	**Butter**
3	**Zwiebeln – klein gehackt**
1	**Petersilien-Wurzel – notfalls Staudensellerie – klein gehackt**
200 g	**Pinienkerne**
100 g	**Rosinen**
1	**großes Ei – verquirlt**
1 TL	**Salbei**
1 TL	**Salz und Pfeffer nach Geschmack**

Die Butter in einer großen Pfanne zerlassen und Zwiebeln und Petersilien-Wurzel mittlerer Temperatur dünsten. Die Pinienkerne und Rosinen hinzufügen und rühren, bis die Pinienkerne goldgelb sind. Brotwürfel, den Inhalt der Pfanne, das Ei, 2 Esslöffel Wasser und die Gewürze in eine Schüssel geben und verrühren. Die Masse in den Truthahn füllen.
Reste der Füllung separat in einer ofenfesten Form mitbacken lassen.

Mais-Pilz-Füllung für Truthahn

20 g	**Butter**
250 g	**Truthahnleber – notfalls frische Bratwurst**
2	**Zwiebeln – klein gehackt**
2	**grüne Paprika – gewürfelt**
500 g	**Pilze, was da ist – grob gehackt**
1 EL	**Salz**
je ½ TL	**Pfeffer, Majoran, Salbei und Thymian**
200 ml	**Hühnerbrühe**
1 grDo	**Mais – abgetropft**
250 g	**Pecannüsse – klein gehackt**
8	**Scheiben Weißbrot – gewürfelt**

Die Truthahnleber klein schneiden und mit Zwiebeln, Paprika, Pilze und Gewürzen vermischen. Die Butter in einen Topf geben, erhitzen und die Mischung darin anbräunen. Die Hühnerbrühe, Mais, Pecannüsse und das Brot hinzufügen und alles gut vermischen. Den Hohlraum des Truthahns damit füllen.
Für einen Truthahn von etwa 4 kg.

Fisch

Fisch am Stock über dem Feuer gegrillt

Es ist möglich jeden Fisch, der festes Fleisch hat, am Stock über dem Feuer zu grillen. Forellen, Zander, kleine Hechte oder was auch immer gefangen wurde, gut von innen und außen salzen und vom Maul her auf einen langen, angespitzten grünen Ast gespießt.
Das dickere Ende des Astes wird direkt neben dem zu 3/4 abgebrannten Feuer schräg in die Erde gerammt, sodass der Fisch über der Glut hängt. Er muss ab und zu gewendet werden.
Wenn die Fische gar sind, lassen sich die Flossen leicht herausziehen. Man schält die Fischhaut ab und isst das saftig gebliebene Fleisch. Die Grillzeit beträgt etwa 20 bis 35 Minuten, je nach Größe des Fisches.

Fisch in der Lagerfeuerglut gegart

welche Fische der Angler auch immer pro Person gefangen hat
Zwiebeln – in Scheiben geschnitten
Butter
Salz und Pfeffer

Zwiebelscheiben und etwas Butter in den Fisch legen. Von innen und außen salzen und pfeffern oder anderweitig würzen.
Den Fisch in nasses Zeitungspapier einwickeln, auf die Glut legen und je nach Größe etwa 10 bis 15 Minuten von jeder Seite garen lassen.
Man kann anstatt Zeitungspapier auch Alufolie verwenden. Früher dienten große Blätter als Schutz vor der Glut.

Kleine Fische in Maisblättern vom Grill

	pro Person
1 – 2	**Fische ausgenommen, ohne Kopf**
1 – 2	**Maiskolben in Blättern**
	Butter
	Salz und Pfeffer

Die Fische innen und außen salzen und pfeffern sowie Butterflöckchen in den Fisch geben. Von einem Maiskolben, der etwa so groß wie der Fisch sein sollte, werden die Hüllblätter der Länge nach auf einer Seite aufgeschlitzt und vorsichtig zurückgestreift. Den Maiskolben herausbrechen, etwaige Maishaare entfernen und den Fisch anstelle des Kolbens hineinlegen. Die Blätter wieder verschließen und mit Draht umwickeln.
Die Pakete 10 Minuten in kaltes Wasser legen, anschließend von beiden Seiten jeweils 10 bis 15 Minuten grillen oder bis der Fisch gar ist.
Die Maiskolben 25 Minuten von allen Seiten grillen und mit Butter und Salz servieren.
Zu Fisch und Maiskolben schmeckt sehr gut →*Würzbutter*

Forelle in Sour Cream (Ponca)

4	**Forellen oder andere Fische – je ca. 400 g – ausgenommen**
	Salz
150 g	**Mehl**
3 EL	**Butter**
250 ml	**Sour Cream oder Schmand**
½ TL	**Essig**

Die Fische innen mit Salz ausreiben und im Mehl wälzen. Zwei Esslöffel Butter in einer Pfanne braun werden lassen. Die Temperatur herunter stellen und die Fische von beiden Seiten ca. 8 Minuten, bzw. bis sie gar sind, braten. Die Fische aus der Pfanne nehmen und im Backofen warm halten. Den Rest der Butter in die Pfanne geben und mit dem Bratensud verrühren. Die Sour Cream unter ständigem Rühren hinzufügen und 5 Minuten köcheln lassen. Den Essig dazugeben und nochmals 5 Minuten köcheln lassen.
Die Sauce vor dem Servieren über den Fisch gießen.

Chili-Fisch (Mescalero-Apache)

	große Fische – was immer gefangen wurde
2 TL	**grüne Pfefferkörner – zerdrückt**
2	**rote Chilischoten – entkernt und sehr fein gehackt**
3 TL	**Butter – Zimmertemperatur**

Pfefferkörner, Chili und Butter zu einer feinen Paste verrühren. Den Fisch an der dicksten Stelle zweimal diagonal einschneiden, innen und außen mit der Paste einreiben und 20 Minuten kaltstellen. Den Fisch von jeder Seite ca. 15 bis 20 Minuten grillen, je nachdem wie schwer er ist.

Pinienkern-Wels (Kiowa)

4	**Welsfilets**
250 g	**Pinienkerne**
100 g	**gelbes Maismehl**
1 TL	**Salz**
½ TL	**Cayenne-Pfeffer**
¼ TL	**gemahlener Kreuzkümmel**
	viel Öl zum Braten

Die Pinienkerne gleichmäßig auf einem Backblech verteilen und etwa fünf Minuten bei 175 °C rösten, bis sie braun sind. Abkühlen lassen und anschließend zum Abkühlen beiseitestellen. Anschließend 150 g davon zermahlen.
Die gemahlenen Pinienkerne mit Maismehl, Salz, Cayenne-Pfeffer und Kreuzkümmel vermischen und die Filets darin wälzen.
Das Öl in einer großen Pfanne erhitzen und den Fisch auf jeder Seite etwa vier Minuten braten.
Vor dem Servieren mit den restlichen gerösteten Pinienkernen bestreuen.

Gebackener Wels (Shawnee)

1	ausgenommener Wels – ca. 500 g je Person
3 EL	Butter
2 EL	Öl
1 EL	Essig
½ TL	Salz
¼ TL	Pfeffer
2 TL	Zwiebeln – fein geschnitten

Kopf, Schwanzflosse und Rückgrat abschneiden, ohne den Wels in zwei Hälften zu teilen und in eine Schüssel legen. Öl, Essig, Salz, Pfeffer und Zwiebel vermischen und über den Fisch gießen. Den Wels von jeder Seite 20 Minuten in der Sauce ziehen lassen. Den Fisch anschließend in eine gebutterte feuerfeste Form legen und im Backofen bei 175 °C backen, bis er gar und goldbraun ist.

Orangen-Fischpfanne (Seminolen)

1 kg	dick geschnittenes Fischfilet oder halbierter Fisch
4 EL	Butter
3 EL	frische Petersilie – fein gehackt
3 – 4	Orangen – in dicke Scheiben geschnitten
3 EL	Pecannüsse – grob gehackt – notfalls Walnüsse
	Pfeffer

Zwei Esslöffel Butter in einer Pfanne zerlassen. Den Fisch hineinlegen, mit der restlichen Butter bestreichen und mit Petersilie und Pfeffer bestreuen. Die Orangenscheiben auf dem Fisch verteilen und die Nüsse darüber verstreuen. Den Fisch in der geschlossenen Pfanne bei mittlerer Hitze ca. 40 Minuten garen lassen oder bis der Fisch noch saftig, aber durch ist.
Das Gericht kann auch in einer geschlossenen Auflaufform im Backofen zubereitet werden. Den Fisch dazu bei mittlerer Hitze ca. 40 Minuten bzw. bis der Fisch gar ist, im Backofen garen lassen.

Dill-Aal (Chippewa)

1 kg	Aal – gehäutet und ausgenommen
5	ganze Pfefferkörner
1 EL	grobes Salz
200 ml	Wasser
2	kleine Zwiebeln – fein gehackt
1 Bund	frischer Dill – fein gehackt
1 TL	Salz
1	Lorbeerblätter
2 EL	Zitronensaft
2 EL	frischer Dill – fein gehackt

Den Aal in 5 cm große Stücke schneiden. Eine einzelne Schicht in eine flache Pfanne geben. Mit dem groben Salz bestreuen und so viel Wasser einfüllen, dass die Stücke vollständig bedeckt sind. 15 Minuten einweichen, abtropfen lassen und unter fließendem kaltem Wasser gut abspülen.
Den Aal in eine große, feuerfeste Auflaufform legen. Das Wasser, Zwiebeln, Dill, Pfefferkörner, Salz und Lorbeerblätter hinzufügen. Bei starker Hitze zum Kochen bringen. Die Hitze reduzieren und 20 Minuten köcheln lassen. Die Auflaufform vom Herd nehmen. Den Zitronensaft einrühren und den fein gehackten Dill darüberstreuen. Wenn die Flüssigkeit gründlich abgekühlt ist, sollte sie ein weiches Gelee bilden.
Am besten in der Auflaufform servieren.

Butter und Saucen

Nuss-Butter

500 g	**gemahlene Erdnüsse oder andere Nüsse**
6 EL	**lauwarmes Wasser**
5 EL	**Erdnussöl oder Sonnenblumenöl**
1 – 2 TL	**Salz nach Geschmack**

Die Nüsse mit dem Wasser und dem Öl gut verrühren, bis eine cremige Paste entsteht. Je nach Geschmack mit Salz würzen.
Wird als Aufstrich für Fladen oder Brot verwendet.

Pecan-Apfel-Butter

250 g	**Butter – Zimmertemperatur**
70 g	**Pecannüsse – geröstet und gemahlen**
1	**kleiner Apfel – gestückelt**
6 EL	**Apfelsaft**
1 TL	**Piment**

Die Apfelstückchen 10 Minuten oder bis sie weich sind, im Apfelsaft kochen. Anschließend durch ein Sieb drücken und abkühlen lassen. Nüsse, Butter, Apfelmus und Gewürze gut verrühren.

Chili-Butter

100 g	**Butter – Zimmertemperatur**
6 EL	**Zitronensaft**
1 EL	**Zucker**
2	**kleine Chilischoten – sehr fein gehackt – notfalls Chilipulver**

Die Zutaten gut miteinander verrühren, anschließend für 2 Stunden kühl stellen.
Die Chili-Butter schmeckt gut zu Fisch oder Maiskolben.

Pinienkern-Butter

125 g	**Butter – Zimmertemperatur**
1 EL	**Honig**
100 g	**Pinienkerne – sehr fein gehackt**
	etwas Cayenne-Pfeffer
	Salz

Die Pinienkerne in einer Pfanne unter Rühren bis zur leichten Bräunung trocken (ohne Öl) rösten. Die Butter mit Honig, Salz und Cayenne-Pfeffer verrühren. Anschließend die Pinienkerne in die Buttermischung einrühren.
Vor dem Gebrauch 12 Stunden lang kühlstellen.

Zitronen-Zwiebel-Butter

125 g	**Butter – Zimmertemperatur**
1	**Wildzwiebel oder Lauchzwiebel – fein gehackt**
½	**Zitrone – ausgepresst**
	geriebene Zitronenschale
½ TL	**Dill fein gehackt**
	Salz und Cayenne-Pfeffer nach Geschmack

Die Butter mit allen anderen Zutaten gut verrühren und vor dem Servieren für 1 Stunde an einen kühlen Ort stellen.
Schmeckt sehr gut zu gegrilltem Fisch.

Löwenzahn-Sauce (Caddo)

500g	frische Löwenzahnblätter – möglichst vor der Blüte ernten
1 l	Wasser
½ TL	Salz
2 EL	Butter
2 EL	Mehl
250 ml	Milch
	Salz und Pfeffer

Die Löwenzahnblätter im Wasser mit dem Salz zusammen aufkochen. Die Hitze herunterstellen und 15 Minuten köcheln lassen. Anschließend in einem Sieb abgießen. Die Butter schmelzen und mit dem Mehl zu einer Paste verarbeiten. Die Milch hinzufügen und die Masse zu einer cremigen Sauce verrühren. Mit Salz und Pfeffer würzen. Die Löwenzahnblätter in feine Stücke hacken und zur Sauce geben.
Die Sauce kann zu Fleisch jeder Art serviert werden.

Sonnenblumenkern-Sauce (Mandan)

80 g	Speck – fein gehackt
6 EL	gemahlene Sonnenblumenkerne
1 EL	Maismehl
½ l	Wasser
1	kleine Zwiebel – sehr fein gehackt
	Salz

Den Speck anbraten, die Zwiebeln hinzugeben und glasig werden lassen. Sonnenblumenmehl, das Maismehl und Salz hinzufügen. Eine Minute kochen lassen und dabei umrühren, damit die Sauce nicht anbrennt. Das Wasser langsam unter Rühren hinzufügen. Bei niedriger Hitze köcheln lassen, bis die Sauce sämig wird.
Die Sauce kann zu Gemüse oder auch Fleischgerichten serviert werden.

Kürbiskern-Sauce (Taos Pueblo)

100 g	**Kürbiskerne**
125 ml	**Gemüsebrühe**
1 Bund	**Koriander – grob gehackt**
1	**Zwiebel – sehr fein gehackt**
1	**Knoblauchzehe – sehr fein gehackt**
2 EL	**Öl**
	Salz

Kürbiskerne in einer Pfanne ohne Fett rösten, bis sie leicht aufgebläht sind und sehr fein hacken. Das Öl in einer Pfanne erhitzen und Zwiebel und Knoblauch darin hellbraun braten. Die Zwiebel-Knoblauch-Mischung und die Kürbiskerne in die Brühe geben Die Sauce pürieren und mit Salz würzen.
Die Sauce eine Stunde an einem kühlen Ort durchziehen lassen.
Sie kann kalt oder erwärmt serviert werden.

Chili-Sauce

250 ml	**Tomatensaft**
20	**getrocknete rote Chilis – mild oder scharf, je nach Geschmack**
2 EL	**Fett**
2	**Zwiebeln – klein gehackt**
2	**Knoblauchzehen – klein gehackt**
2 EL	**Mehl**
1 TL	**Salz**
½ TL	**Oregano**

Samen und Stränge aus den Chilis entfernen und sie gerade mit Wasser bedeckt 30 Minuten köcheln lassen. Anschließend durch ein Sieb rühren, damit die Schalen vom Fruchtfleisch getrennt werden. Zwiebeln und Knoblauch dünsten und das Mehl dazu geben. Alles zu einer weichen Paste verarbeiten und mit der Chilisauce vermischen. Den Tomatensaft und die Gewürze hinzufügen und unter gelegentlichem Umrühren 30 Minuten köcheln lassen.

Wacholder-Sirup

100 g **frische Wacholderbeeren**
500 ml **Wasser**
500 g **Zucker**

Die Wacholderbeeren in einem Mörser so zerdrücken, dass die Beeren leicht aufplatzen. Die Beeren in ein Gefäß füllen, mit kochendem Wasser übergießen und über Nacht abgedeckt stehen lassen.
Am nächsten Tag die Flüssigkeit durch ein Sieb oder Tuch gießen und mit dem Zucker in einen Kochtopf geben. Den Sirup etwa 30 Minuten auf kleiner Flamme einkochen. Etwas abkühlen lassen und in Flaschen abfüllen.
Wacholdersirup verleiht Gemüse, Obst oder dem Bratensaft ein leckeres Aroma.

Butterscotch-Sauce

2 EL **Butter**
8 EL **brauner Zucker**
6 EL **Ahorn- oder Maissirup**

Die Butter in einem Topf bei niedriger Hitze zerlassen. Zucker und Ahornsirup hinzufügen und unter ständigem Rühren erhitzen, bis die Sauce etwas fest wird, aber noch nicht kristallisiert.
Schmeckt gut zu Pfannkuchen und Fladenbrot.

Dessert und Süße Dinge

Mais-Pudding (Osage)

1 miDo Mais – abgetropft
1 EL Zucker
1 l fette Milch (3,5%)
1 Prise Salz
2 EL Mehl
1 EL Butter
3 Eier

Den Mais ohne Dosenflüssigkeit in die Milch einrühren. Das Mehl, die Butter und den Zucker cremig rühren. Das Eigelb hinzufügen. Das Eiweiß steif schlagen. Alles mit der Mais-Milch-Mixtur vermischen und nach Geschmack salzen. In eine Form geben und im Backofen backen, bis die Masse fest ist.
Der Pudding kann als Beilage serviert werden, oder als Nachtisch mit Schlagsahne.

Käse-Mais-Pudding (Navajo)

1 grDo Mais – abgetropft
200 ml Milch
300 g Maisgrieß
80 g Schmalz oder Backfett
2 Eier – verquirlt
½ TL Backpulver
1 TL Zucker
¼ TL Salz
200 g Käse – geraspelt

Mais und Milch in einer großen Schüssel vermischen. Den Maisgrieß und das Fett hinzufügen und die Masse gut verrühren. Die restlichen Zutaten untermischen. Den Teig in eine gefettete, flache Backform füllen und bei 200 °C etwa 45 Minuten backen.
Den Pudding warm servieren.

Beeren-Pudding (Chickasaw)

700 g	**Brombeeren, Erdbeeren oder nach Belieben andere Beeren**
200 g	**Zucker**
250 g	**Maismehl**
1 TL	**Backpulver**
1 TL	**Salz**
3 EL	**Butter**
125 ml	**Sauermilch**
60 ml	**flüssiger Honig**
1 EL	**Zitronensaft**

Eine 20 x 20 cm große Backform fetten. Die Beeren darin verteilen und mit 120 g Zucker bestreuen. Den restlichen Zucker, Maismehl, Backpulver und Salz miteinander vermischen. 2 Esslöffel Butter schmelzen und mit der Sauermilch verrühren. Die Mischung schnell mit den trockenen Zutaten vermengen. Diese Masse auf den Beeren verteilen. Den Honig, die restliche Butter und den Zitronensaft vermischen und über den Pudding geben. Bei gemäßigter bis mittlerer Hitze 60 Minuten backen.
Nach dem Abkühlen servieren.

Rosinen-Brotpudding

8	Scheiben altes Brot – gewürfelt
2 EL	geschmolzene Butter
300 ml	Milch
2	Eier – verquirlt
100 g	Rosinen
3 EL	Zucker
3 EL	Melasse
	Salz
	Schlagsahne, wenn vorhanden

Die Brotwürfel in einer gefetteten Auflaufform verteilen. Die Eier, Melasse, Zucker und Salz gut vermischen. Die Milch, Rosinen und Butter hinzufügen. Die Masse über die Brotwürfel geben und die Auflaufform in den Backofen stellen. Bei gemäßigter Hitze ca. 60 Minuten backen.
Mit Schlagsahne warm servieren.

Cranberry-Pudding (Blackfoot)

650 ml	Cranberry-Saft
100 ml	Ahornsirup
80 g	Weizengrieß

Den Cranberry-Saft mit dem Ahornsirup einmal aufkochen und bei mäßiger Hitze unter ständigem Rühren in den Weizengrieß einrieseln lassen. Weitere 10 Minuten unter ständigem Rühren köcheln lassen, bis die Masse eingedickt ist. Anschließend in eine große Schüssel füllen und mit einem Rührbesen kräftig schlagen, bis sich das Volumen verdreifacht hat und der Pudding schön luftig ist.
Den Pudding warm oder kalt servieren.

Wildreis-Dessert (Ojibwa)

125 g	Wildreis
200 ml	Ahornsirup
2	saure Äpfel – in Schnitze geschnitten
100 g	Walnüsse – gehackt
	Piment nach Geschmack
	Salz
250 ml	süße Sahne – steif geschlagen

Den Reis mit Wasser und Salz in einen Topf geben, aufkochen und 30 Minuten köcheln lassen oder bis der Reis gar ist.
Den Backofen auf 200 °C vorheizen. Die Hälfte des Ahornsirups mit den Äpfeln und den gehackten Walnüssen vermischen, mit dem Wildreis verrühren und mit Piment würzen. Die Mixtur in eine gefettete Form geben und 15 Minuten im Ofen backen.
Die Sahne mit dem restlichen Ahornsirup vermischen und kurz vor dem Servieren auf das warme Dessert geben.

Winter-Dessert

500 g	getrocknete Äpfel – in kleine Stücke geschnitten
4 EL	Honig
150 g	Nüsse – was immer da ist – gehackt
150 g	Rosinen
	Schlagsahne – falls vorhanden

Die Trockenäpfel mit Honig, Nüssen und Rosinen etwa 15 Minuten bei niedriger Hitze köcheln lassen und gelegentlich umrühren.
Heiß mit Schlagsahne servieren.

Cranberry-Kompott (Sioux)

250 g **frische Cranberrys** ***oder***
100 g **getrocknete Cranberrys**
250 ml **Wasser**
Zucker nach Geschmack
Mehl

Falls getrocknete Cranberrys verwendet werden, über Nacht einweichen.
Die Früchte und das Wasser erhitzen und Zucker nach Geschmack hinzufügen.
Mehl dazugeben und ständig weiterrühren, bis die Masse dicklich wird.
Kalt mit Brotfladen servieren.

Beeren-Gelee

600 g **Cranberrys, Blaubeeren oder andere Beeren**
900 ml **Wasser**
1 kg **Zucker**

Die Beeren und das Wasser in einen Topf geben und aufkochen lassen, anschließend bei niedrigerer Temperatur 10 bis 15 Minuten köcheln lassen, bis sie weich sind. Die Beeren mit dem Wasser durch ein feines Sieb drücken, um die Schalen zu entfernen. Den Zucker zum Saft geben und bei mittlerer Hitze 15 bis 20 Minuten kochen. Das Gelee in Gläser füllen.
Zu Küchlein oder Fladen kann das Gelee warm oder kalt serviert werden.

Rosenblatt-Marmelade (Apache)

500 g **Rosenblätter**
500 ml **warmes Wasser**
500 g **Zucker**
2 EL **Honig**
1 TL **Zitronensaft**

Die Rosenblätter in schmale Streifen schneiden und in einem Topf mit dem Wasser ca. 10 Minuten kochen, oder bis sie weich sind. Die Rosenblätter aus der Flüssigkeit nehmen und beiseite legen. Zucker und Honig in die Flüssigkeit einrühren und bei sehr niedriger Hitze köcheln lassen, bis die Mixtur Fäden zieht. Die Rosenblätter hinzufügen und nochmals 45 Minuten simmern lassen. Den Zitronensaft dazugeben und solange weiter köcheln lassen, bis die Masse dicklich wird.
Die Marmelade in Gläser füllen.

Kürbis-Marmelade (Seminolen)

2,5 kg **Kürbisfleisch – in Stücke geschnitten**
3 **Zitronen – halbiert in sehr dünne Scheiben geschnitten**
1 **Orange – halbiert in sehr dünne Scheiben geschnitten**
1 **Zitrone ausgepresst**
1 kg **Zucker**
250 ml **Wasser**

Das Kürbisfleisch in einen großen Topf füllen und mit den Zitrusfrüchten abdecken. Den Zucker darüber verteilen und über Nacht stehen lassen.
Am nächsten Tag das Wasser und den Zitronensaft dazu geben und 2,5 Stunden bei mittlerer Hitze simmern lassen oder bis eine dickliche Masse entstanden ist.
Die Marmelade in Gläser füllen.

Maiskolben-Gelee (Cherokee)

12	**frische Maiskolben – wenn vorhanden, roter Mais**
900 ml	**Wasser**
800 g	**Zucker**
85 ml	**flüssiges Pektin oder ein Päckchen Pektin**

Die Maiskörner von den Kolben lösen und für ein anderes Gericht beiseitestellen. Die Kolben in dem Wasser einmal aufkochen lassen, anschließend zugedeckt 15 Minuten weiter köcheln lassen. Die Kolben herausnehmen und die Flüssigkeit durch ein Tuch gießen. Falls erforderlich, mehr Wasser hinzufügen, sodass man insgesamt 675 ml erhält.
Die Flüssigkeit zurück in den Topf geben und den Zucker einrühren. Die Mischung kochen, bis sich der Zucker ganz aufgelöst hat. Das Pektin einrühren und alles nochmals 1 bis 3 Minuten kochen lassen, bis die Flüssigkeit geliert. Das Gelee etwas abkühlen lassen und in Marmeladengläser füllen.
Dieses Gelee schmeckt zu Fladen, Pfannkuchen, aber auch Fleischgerichten.

Gebäck und Kuchen

Nuss-Kekse

100 g	**gemahlene Nüsse – Pecannüsse, Walnüsse, Haselnüsse, Bucheckern – oder welche Nussart gerade vorrätig ist**
250 g	**Butter**
250 g	**Zucker**
1	**Ei**
500 g	**Mehl**
1 TL	**Backpulver**
1	**Prise Salz**
1 TL	**Vanillepulver – ersatzweise Vanillezucker**
	Pecannüsse, Walnüsse, Haselnüsse oder Bucheckern zum Garnieren

Zucker, Butter und das Ei gut vermischen. Die trockenen Zutaten sorgfältig unterrühren. Aus dem Teig Bällchen formen und zu flachen Keksen drücken. In jeden Keks eine Nuss hineindrücken. Bei mittlerer Hitze im vorgeheizten Backofen 8 bis 12 Minuten backen.

Eichelkekse (Choctaw)

100 g	**Eichelmehl** → *Eichelmehl*
60 g	**Weizenmehl**
1 ½ TL	**Backpulver**
¼ TL	**Salz**
2 EL	**Schweineschmalz oder Butter**
3 EL	**Milch**

Den Backofen auf mittlere Hitze vorheizen. Die beiden Mehlsorten mit Backpulver und Salz gut vermischen. Das Schmalz mit der Hand einarbeiten. Anschließend die Milch zugeben. Aus dem Teig Kugeln formen und platt drücken, sodass Küchlein von 3 bis 4 cm Durchmesser entstehen.
Den Backofen auf gemäßigte Hitze herunterschalten und die Kekse etwa 12 bis 15 Minuten goldbraun backen.
Dazu Gelee, Marmelade, Honig oder Sirup servieren.

Chili-Küchlein (Pueblo)

100 g	Mehl
80 ml	Wasser
1	Ei – verquirlt
½ TL	Backpulver
1	mittelgroße Zwiebel – klein gehackt
2	milde, grüne Chilischoten
	genügend Öl zum Ausbacken
	Salz nach Geschmack

Die Chilischoten rösten, entkernen und in kleine Stücke hacken. Das Mehl in eine Schüssel geben und das Wasser unter ständigem Rühren langsam hinzufügen. Ei, Backpulver, Zwiebeln, Salz und Chili einrühren und gut vermischen. Das Öl erhitzen und den Teig mit einem Esslöffel in das heiße Öl gleiten und goldbraun ausbacken lassen. Die fertigen Küchlein mit einem Schaumlöffel aus dem Öl nehmen und auf Küchenpapier abtropfen lassen.
Heiß servieren.

Persimonen-Kuchen (Cherokee)

250 g	pürierte Persimonen
250 g	Mehl
125 g	Zucker
1	Ei
1 EL	Butter
2 TL	Backpulver

Alle Zutaten gut vermischen. Den Teig in eine gefettete und gemehlte flache Backform geben. Den Kuchen etwa 40 Minuten bei gemäßigter Hitze backen.

Brombeer-Kuchen (Chickasaw)

250 g	**Brombeeren, Heidelbeeren oder andere dunkle Beeren**
125 g	**Butter**
250 g	**Zucker**
3	**Eier – verquirlt**
200 ml	**Milch**
500 g	**Mehl**
2 TL	**Backpulver**

Die Butter mit dem Zucker cremig rühren. Eier und Milch hinzufügen. Das Mehl mit dem Backpulver gut vermischen und zur restlichen Masse hinzufügen. Die Beeren vorsichtig unter den Teig heben. Bei gemäßigter Hitze in einer flachen Kuchenform backen, bis er gar ist.
Mit einem Messer in die Mitte des Kuchens stechen. Kommt das Messer sauber wieder heraus, ist der Kuchen fertig

Pfannen-Beerenkuchen

300 g	**Brombeeren, Erdbeeren, Blaubeeren oder andere frische Früchte nach Jahreszeit**
1 EL	**Butter**
3	**Eier**
115 g	**Zucker**
120 g	**Mehl**
240 ml	**Milch**
1 EL	**Puderzucker**

Die Eier mit dem Zucker schaumig schlagen. Das Mehl hinzufügen. Unter ständigem Rühren die Milch eingießen, bis ein gleichmäßig glatter Teig entsteht. Die Butter erhitzen, die Früchte auf dem Boden der Pfanne verteilen und den Teig darüber gießen. Den Deckel auflegen und den Kuchen bei niedriger Temperatur 15 bis 20 Minuten backen oder bis sich die Oberfläche trocken anfühlt.

Kürbis-Pastete (Wichita)

Teig für den Pastetenboden

350 g	**Mehl**
250 g	**Butter**
130 ml	**kaltes Wasser**
1 TL	**Essig**
1 TL	**Salz**
1	**großes Ei – verquirlt**

Mehl, Salz und das Fett gut vermischen. Wasser, Essig und das Ei in eine Schüssel geben und verrühren. Den Mehlteig hinzufügen und alles gut vermengen, bis sich der Teig zu einer Kugel rollen lässt. Den Teig in eine Pastetenform von 22 cm Durchmesser pressen und 10 Minuten bei starker Hitze im Backofen vorbacken.

Für die Füllung:

500 g	**Kürbisfleisch – gekocht und klein geschnitten**
80 g	**brauner Zucker**
100 g	**Pecannüsse oder Walnüsse – klein gehackt**
2	**Eier**
200 g	**Zucker**
370 ml	**Milch**
½ TL	**Salz**
1 TL	**Piment**
½ TL	**Ingwerpulver**

Den braunen Zucker und die Nüsse auf dem Pastetenboden verteilen. Das Ei trennen, das Eiweiß steif schlagen und beiseitestellen. Das Eigelb verrühren und mit den anderen Zutaten vermischen. Vorsichtig das Eiweiß unterheben. Die Masse auf dem Pastetenboden verteilen. Die Pastete 15 Minuten im vorgeheizten Backofen bei starker Hitze backen. Den Ofen auf gemäßigte Hitze herunter stellen und nochmals 45 Minuten backen.

Kürbiskuchen (Choctaw)

600 g	Kürbisfleisch – gewürfelt
250 g	Mehl
400 g	Zucker
1 TL	Salz
2 TL	Backsoda
½ TL	Piment
1 EL	ungesüßter Kakao
350 ml	Pflanzenöl
4	Eier – verquirlt
1 TL	Vanille-Extrakt
	Schlagsahne, falls gewünscht

Den Backofen auf 175 °C vorheizen. In einer großen Schüssel Mehl, Zucker, Salz, Backsoda, Piment und Kakao vermischen. Anschließend die Kürbisstücke, Öl, Eier und Vanille hinzufügen und gut verrühren.
Den Teig in eine gefettete und bemehlte Gugelhupfform füllen und 40 bis 50 Minuten backen. Zum Abkühlen auf ein Kuchengitter stürzen.
Nach Belieben warm oder gekühlt mit Schlagsahne servieren.

Getränke

Wacholdertee

10 **junge Zweige Wacholder**
1 l **Wasser**

Wasser und Wacholder aufkochen, dann zudecken, die Hitze reduzieren und 15 Minuten köcheln lassen. 10 Minuten ziehen lassen, sieben und servieren

Sassafrastee

4 – 6 TL **Sassafras-Rinde**
1 l **Wasser**

Wasser und Rinde langsam zum Sieden bringen. Die Hitze reduzieren und 15 Minuten köcheln lassen. Anschließend 10 Minuten ziehen lassen, durch ein Sieb gießen und servieren.
Honig und Zucker können nach Bedarf beigegeben werden.

Minztee

10 **große Zweige frische Minze**
2 l **Wasser**

Die Zweige ins Wasser geben und langsam aufkochen lassen. Zudecken und fünf Minuten ziehen lassen. Die Zweige entfernen und den Tee servieren.

Sonnenblumen-Getränk

Die Kerne über dem Feuer rösten, die Samenkörner aus den Schalen lösen und in einem Mörser zermahlen. Mit Wasser überbrüht erhält man eine dunkle an Kaffee erinnernde Flüssigkeit, die ohne Zucker für den hiesigen Geschmack kaum genießbar ist.

Aprikosen-Getränk

500 g	**gedörrte Aprikosen**
350 ml	**Honig**
2 l	**Wasser**

Die Aprikosen in 1,5 Liter Wasser 30 Minuten köcheln lassen und anschließend pürieren. Das restliche Wasser mit dem Honig vermischen und gut mit dem Aprikosengetränk verrühren.
Kühl stellen und kalt servieren.

Mais-Kaffee

Viele Indianerstämme verwendeten Maiskörner für eine Art Kaffee, eher ein Mittelding zwischen Kaffee und Tee, mit einem sehr eigenwilligen Geschmack. Die Maiskolben von den Blättern befreien und über dem Feuer etwa 20 Minuten braun rösten. Anschließend die Kerne mit einem scharfen Messer vom Kolben abstreifen und in einem Mörser zerstoßen. Zu einem dünnen oder auch stärkerem Getränk aufkochen. Das Getränk nach Belieben mit Sirup, Honig oder anderen vorhandenen Mitteln zum Süßen geschmacklich verfeinern.

Bilderverzeichnis

Fotos und Grafiken, die keiner Erklärung bedürfen und von der Autorin stammen, sind hier nicht aufgelistet
Einige der Jahreszahlen sind von Historikern nur geschätzt, da keine genauen Angaben existieren

55	1926	Assiniboine Hunter	Edward S. Curtis
56	1870	Arapaho Camp	William S. Soule
58		Woman Pounding Pemmican	NN
60		Woman Drying Berries	NN
61	1901	Cheyenne Making Pemmican	NN
63	1898	Comanche Family	NN
65		Bread Baking in Horno	NN
67	1899	Pueblo	NN
69	1899	Pawnee Women	NN
70	1890	South Cheyenne	Christian Bartelmess
71	1933	Making Fry Brad	Monroe S. Killy
72	1956	Navajo Craadle Board	NN
75	1880	Making Fry Bread	NN
76	1920	Ojibwa	Roland Reed
77	1880	Nez Percé Chief Josef and Family	NN
78	1909	Hopi-Girl	NN
80	1950	Papago Gathering Seguaro Fruits	NN
81	1910	Chippewa	NN
82	1892	Navajo Reservation	James Mooney
83	1905	Navajo Blanket Weaver – Canyon de Chelly	Edward S. Curtis
84	1890	Sioux Camp – Pine Ridge South Dakota	NN
85	1880	Apache – San Carlos Reservation	Noah H. Rose
86	1879	Squash in Front of Pueblo	NN
88	1900	Navajo Woman Grinding Corn	NN
89	1873	Navajo Daily Life	Timothy H. O'Sullivan
90	1891	Brulé Lakota Camp	John Grabhill
91	1912	Sioux Wedding – Rosebud Reservation	Julia Tuell
92		Indian-Family Weekend at Lake Texoma	UT
93	1876	Brulé Lakota – Spottet Tail, Wife + Daughter	Stanley J. Morrow
94	1902	Hopi Working at Corn Field	NN
95	1881	Navajo Woman	Ben WIttick
96	1927	Navajo – Canyon de Chelly	NN
97		Pecos Pueblo	UT
99	1903	Apache Woman	Edward S. Curtis
100	1890	Cheyenne Camp at North Canadian River	C. C. Stotz
101		Acoma Pueblo	UT
103	1925	Pueblo Woman	W. Frashers
105	1900	Hopi Woman Weaving Baskets	NN
107	1903	Apache	Edward S. Curtis
111	1876	Sioux Chief Mato Wakan	Stanley J. Morrow
112	1871	Dakota Preparing Buffalo Hide	NN

113	1891	Oglala Lakota Women – Pine Ridge Reservation	John C. Grabhill
114	1900	Geronimo Skinning Buffalo	Keystone View Corporation
116		Taos Pueblo	UT
118	1900	Crow	N. A. Forsyth
120	1891	Powwow Cheyenne	L. A. Huffman
121	1880	Apache Brothers	A. Miller
123	1904	Navajo – Canyon de Chelly	Edward S. Curtis
127	1900	Crow Chief Plenty Coups (links sitzend)	Harris & Ewing
129	1890	Mato Warnasaka Teaches Son	NN
131	1906	Crow	N. A. Forsyth
133	1890	Comanche Palo Duro Canyon – JA Ranch Buffalo Hunt –	NN
137		Cherokee	NN
138	1906	Cree Family	F. E. Peeso
140	1905	Acoma Pueblo	Edward S. Curtis
142	1905	Sioux	Edward S. Curtis
143	1904	Wichita Camp	NN
144	1890	Cheyenne	Christian Bartelmess
146	1868	Shoshone Tribe	A. J. Russell
147	1903	Apache Getting Water	Edward S. Curtis
148	1908	Kiowa Leader Hunting Horse and Daughters	J. V. Dedrick of Taloga
149	1873	Blackfoot Chief White Calf	NN
150	1910	Blackfoot – Piegan Tribe	Edward S. Curtis
152	1900	Apache Rancheria	Camilius S. Fly
153	1908	Mandan Bull Boat	Edward S. Curtis
154	1898	Seminolen	NN
155	1901	Kiowa James Takone , Wife and Daughter	NN
157	1886	Chiricahua Apache	C. S. Fly
160	1900	Gros Ventre	NN
161	1901	Cheyenne	N. A. Forsyth
163	1874	Ute Warrior and Bride	John K. Hillers
164	1891	Lakota Camp	J. C. Grabhill
165	1913	Harvesting Wild Rice	Carl Gustav Linde
166	1908	Sioux Camp	Edward S. Curtis
167	1886	Geronimo and his Warriors	C. S. Fly
168	1903	Chato Chiricahua Chief	Edward S. Curtis
169	1900	Pawnee Family	NN
171	1907	Brulé Lakota	Edward S. Curtis
173	1910	Blackfoot Chiefs	William H. Harrison
174	1900	Flathat Dancers	N. A. Forsyth
175	1890	Kiowa	Rudolph Goebel
177	1911	Crow Warriors Returning	Richard Throssel

Bildnachweis

Ich möchte mich bei all denen bedanken, die mich bei meiner Arbeit nicht nur mit Fotos und Bildern jeder Art und dem Zugang zu Archiven, sondern auch mit historischem Fachwissen unterstützt haben. Ob Privatpersonen, Fotografen oder Mitarbeiter von Museen oder anderer Institutionen.
Ich danke zudem für die freundliche Genehmigung zur Veröffentlichung.

Historische Institutionen, Museen und weitere Bildquellen
American Heritage Center, University of Wyoming, Laramie/WY (41, 58, 88) – American Museum of Natural History, New York (26, 61) – Amon Carter Museum, Fort Worth/TX (15, 55) – Arizona Historical Society, Flagstaff/AZ (80, 135) – Arizona State Library, Phoenix/AZ (157) – Buffalo Bill Historic Center, Cody/WY (14) – Bureau of Indian Ethnology, Smithsonian Institution, Washington/DC (39, 112) – Comanche National Museum, Lawton/OK (13, 63) – Denver Public Library, Denver/CO (11) – Kansas Historical Society, Topeca/KS (40) – Library of Congress, Washington/DC (37, 47, 67, 78, 82, 83, 89, 90, 91, 94, 99, 107, 113, 120, 127, 129,140, 142, 148, 150, 153, 164, 165, 166, 168, 171) – Minnesota Historical Society, Saint Paul/MN (38, 71,76,81) – Montana History Society, Helena/MO (118, 131, 138, 149, 173, 174, 175) – Museum of New Mexico, Santa Fe/NM (114) – National Anthropological Archives, Washington/DC (37, 121, 160) – National Archives, Washington/DC (15, 18, 24, 26, 38, 56, 60, 72, 84, 86, 93, 105, 11, 123, 137, 143, 146, 147, 152,154, 163, 167, 177) – National Cowboy and Western Heritage Museum, Oklahoma City/OK (22) – National Geographic Society, Washington/DC (16) – National Historic Museum, Washington/DC (17) – National Museum of American Indians, New York/NY (19, 21) – New Mexico Tourism Department, Santa Fe/NM (36) – New York Public Library, New York/NY (49) – Northern Arizona University, Flagstaff/AZ (96) – Oklahoma Historical Society, Oklahoma City/OK (22, 39, 69, 100, 169) – Palace of the Governors Archives, Santa Fe/NM (95) – Princeton University Digital Library, Princeton, NJ (103) – Ranch- and Heritage- Center, Lubbock/TX (133) – South Dakota State Historical Society, Pierre/SD (70, 144) – Texas State Historical Association, Austin/TX (85) – University of Alabama, Tuscaloosa/AL (27) – University of Texas Library, Austin/TX (133) – University of Virginia Library, Charlottesville/VA (155) – US-Department of Agriculture, Washington/DC (65) – Washington State Historical Society, Washington/DC (77) – Wisconsin Historical Society, Madison/WI (75) – Wyoming Office of Tourism, Cheyenne/WY (28)

shutterstock.com
© OD-Pictureworks – (Cover)

Kochbücher und mehr aus dem Buffalo Verlag

Die Autorin und Journalistin Ute Tietje, eine begeisterte Fotografin und langjährige erfolgreiche Westerntrainern, bereiste seit 1991 bis heute für ihre verschiedenen Bücher und Artikel in Magazinen teilweise mehrmals im Jahr den nordamerikanischen Kontinent. Insbesondere den Südwesten der USA und die Plains. Sie verbrachte zudem einen großen Teil des Jahres 2007 in Kanada.
Auf diesen Touren erhielt sie bei unzähligen Kontakten und Einladungen der gastfreundlichen Bevölkerung auf Ranches, bei den Nachfahren der Ranch- und Trailköche, in kleinen familiengeführten Restaurants oder auch bei Indianern auf Powwows und anderen Begegnungen, die häufig noch aus Pionierzeiten überlieferten Rezepte.
Die Recherche für alle Bücher der Autorin erfolgt immer vor Ort. So gehörten im Hinblick auf weitere Werke – darunter auch Belletristik – seit 1999 auch Andalusien sowie weltweit viele andere Regionen zu ihren Reisezielen.

Cowboy- und Ranchküche – Ute Tietje

Cowboy- und Ranchküche des mittleren Südwestens
208 Seiten – ISBN 978-3-9468600-3-7
Buffalo Verlag, Verden 2020 – 22,90 €

Die Cowboy-, Ranch- und Chuck Wagon-Küche hat viele Facetten, je nachdem, wo, wann und für wen welches Gericht zubereitet wurde. Außer zu bestimmten Anlässen, zu denen es teilweise recht arbeits- und zeitaufwändige Gerichte gab, überwog eine dem Alltag angepasste, unkomplizierte Küche.
Die zumeist mehr als 100 Jahre alten Rezepte wurden von Cowboys, Ranch-Köchen, Rancherfrauen und den ersten Restaurantbesitzern der damaligen Zeit an ihre Nachkommen weitergegeben. Das Kochbuch ist eine kulinarische Reise in die Vergangenheit von Texas, Oklahoma und New Mexiko, deren Geschichte und Besiedlung sehr unterschiedlich verlief.

Indianische Küche des Südwestens und der Plains

Ute Tietje – 188 Seiten – ISBN 978-3-9468-600-6-8
Buffalo Verlag, Verden 2023 – 22,90 €

Trotz ihrer leidvollen Vertreibungsgeschichte, verbunden mit dem Verbot ihrer Sprache und Kultur, haben die Indianer diese teilweise bewahren können und pflegen sie heute wieder mit Stolz. Zu ihrer Kultur gehören die traditionellen Gerichte ihrer Vorfahren, die noch heute sowohl zuhause als auch auf Familienfeiern und insbesondere auf Powwows zubereitet werden. Die Zubereitung der Mahlzeiten, die auf mündlichen Überlieferungen innerhalb der Indianerfamilien und Stämme beruht, ist einfach und phantasievoll.

Texas-BBQ – Ute Tietje

Grillen wie die Rancher und Cowboys
112 Seiten – ISBN 978-3-946860-40-2
Buffalo Verlag, Verden – 4. Auflage 2018 – 12,90 €

BBQ hat in Texas Tradition und wird ganzjährig zu vielen Gelegenheiten mit verschiedenen Grillmethoden zelebriert. Neben dem Hauptgrillgut bietet dieses Kochbuch nicht nur hundert Jahre alte Rezepte für Rubs, Marinaden und BBQ-Saucen, sondern auch die beliebten Beilagen und Getränke, ohne die ein zünftiges Texas-BBQ nicht denkbar ist.

Kanadische Küche – Ute Tietje

Kulinarisches Erbe der Pioniere und Indianer Ontarios

112 Seiten – ISBN 978-3-9809141-5-4

Buffalo Verlag, Verden – 3. Auflage 2018 – 12,90 €

Bodenständig, naturnah und gesund präsentiert sich die Küche Ontarios. Mussten die britischen und französischen Pioniere in den Anfängen ihre Essgewohnheiten zunächst noch dem einfachen Leben in der Wildnis anpassen, entwickelte sich allmählich aus den Gerichten der indianischen Ureinwohner und Einwanderer eine vielfältige Küche. Viele Gerichte können statt am heimischen Herd auch auf oder in einem Grill, im Dutch Oven oder zum Teil am Lagerfeuer zubereitet werden.

Nordamerika vegetarisch – Ute Tietje

Kulinarisches Erbe der Pioniere und Indianer

112 Seiten – ISBN 978-3-946860-43-3

Buffalo Verlag, Verden – 2. Auflage 2018 – 12,90 €

Die Einwanderer aus der Alten Welt mussten ihre Essgewohnheiten den harten Bedingungen des neuen Kontinents anpassen und auch bei den Indianern waren vegetarische Gerichte verbreiteter, als man annehmen möchte; selbst bei den nomadischen Jägerstämmen. Vielfältig und naturnah zeigen sich die überlieferten Rezepte aus der Küche der Pioniere und Indianer – vom Frühstück bis zur Nachspeise –, nach denen ihre Nachkommen noch heute die Mahlzeiten zubereiten.

Andalusische Küche – Ute Tietje

Iberische Köstlichkeiten mit maurischem Erbe

108 Seiten – ISBN 978-3-9809141-4-7

Buffalo Verlag, Verden – 2. Auflage 2010 – 12,90 €

Die mediterrane Küche des Südwestens der iberischen Halbinsel, beeinflusst von den Mauren, hat die andalusische Esskultur geprägt. Die Speisen in Andalusien sind – den warmen Temperaturen angemessen – zumeist leicht und gut bekömmlich. Der Einfluss des Orients ist in vielen Gerichten spürbar. Die Mauren kombinierten auf kreative Weise Fleisch und Fisch mit Früchten, Kräutern, Nüssen, aber auch scharfen Gewürzen. So gehören Beigaben von Mandeln, zerstoßenen Nüssen, Pistazien, Pinienkernen, Korinthen, Feigen, Melonen, Orangen und anderen Früchten, ja selbst Schokolade zu Fisch- und Fleischgerichten zu ihrem Erbe.

Camping-Kochbuch – Ute Tietje

210 leckere Rezepte schnell und einfach zubereiten

160 Seiten – 190 Farbbilder – 13 Tabellen – ISBN 978-3-9468600-0-6

Buffalo Verlag, Verden 2019 – 19,90 €

Ob mit dem Zelt, Mini-Camper oder Wohnwagen unterwegs – in diesem Rezeptbuch ist für jeden Outdoor-Fan etwas dabei. Die altbewährten Rezepte aus der Küche der Pioniere und Indianer Nordamerikas eignen sich perfekt für das Kochen in der freien Natur. Vom leckeren Frühstück über den Eintopf, Gegrilltem mit vielfältigen Beilagen bis hin zu köstlichen Kuchen aus der Pfanne für zwischendurch ist alles zu finden. Schnell und frisch mit einfach zu beschaffenden Zutaten zubereitet, ohne viel Firlefanz und trotzdem abwechslungsreich.

Trail-Training – Vom Playday bis zur Meisterschaft

Ute Tietje

220 Seiten – 240 Grafiken aus der Reiterperspektive– gebunden

ISBN 978-3-9813009-7-0 –Buffalo Verlag 2014 – 24,90 €

Nicht nur das furchtlose, aufmerksame Herangehen an ein Hindernis zählt, sondern auch die Technik, die Auswirkungen auf die Präzision und Geschwindigkeit bei den Abläufen hat. Mit 240 Graphiken aus der Reiterperspektive auf 220 Seiten lädt das Buch ein, sich diese Fertigkeiten anzueignen. Egal ob als Trail-Anfänger auf einem Playday oder bereits auf einem Meisterschafts-Level, der die Bewältigung der anspruchsvollen, von Tim Kimura kreierten Trails verlangt. Ein vielfältiges Spektrum der Verwendungsmöglichkeiten einzelner Hindernisse soll dazu anregen, sich für jeden Level individuellen Bedürfnissen folgend, die richtigen Übungen zusammenzustellen.

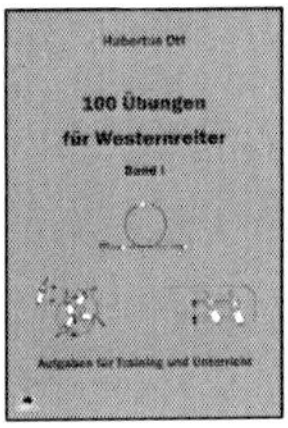

100 Übungen für Westernreiter – Band I

Hubertus Ott

108 Seiten – mehr als 100 Graphiken – ISBN 978-3-9809141-2-3

Buffalo Verlag, Verden, 5. Auflage 2019 – 19,90 €

Die Übungen sind in aufsteigendem Schwierigkeitsgrad geordnet, um das Training methodisch organisieren zu können. Klar und verständlich werden die Übungen anhand von Graphiken erklärt, so dass jeder seine Trainingsarbeit abwechslungsreich gestalten kann. Neben Übungen zur Rittigkeit (Übergänge, Gymnastizierung usw.) sind allgemeine Horsemanship- und Trailaufgaben enthalten sowie für das EWU-Westernreitabzeichen Horsemanship- und Geländeaufgaben.

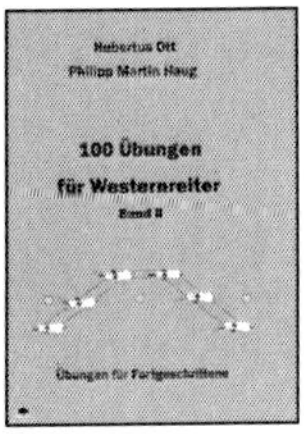

100 Übungen für Westernreiter – Band II

Hubertus Ott und Philipp Martin Haug

144 Seiten – ca. 150 Graphiken – ISBN 978-3-9809141-9-2

Buffalo Verlag, Verden, 4. Auflage 2021 – 19,90 €

Die Übungen dieses zweiten Bandes, die wie in Band I aus der Praxis entstanden sind, richten sich mit ihren anspruchsvolleren Lektionen an den bereits fortgeschrittenen Westernreiter. Sie geben wertvolle Tipps zum Ausbildungs- und Trainingskonzept für das tägliche Training. Hauptthemen sind Übungen zur Gymnastizierung, Galopparbeit, zu fliegenden Wechseln, Stopps und Spins.

100 Übungen für Freizeit- und Turnierreiter

Aus der Praxis für die Praxis – Hubertus Ott und Ute Tietje

128 Seiten – ca. 150 Grafiken – ISBN 978-3-98113009-0-1

Buffalo Verlag, Verden, 5. Auflage 2020 – 19,90 €

Nur stetes Training ebnet den Weg zu entspannten, befriedigenden Ausritten und guter Leistung im Turniersport. Kreative Übungen erhalten die Aufmerksamkeit des Pferdes und motivieren es zur Mitarbeit. Ziel ist es, durch inspirierende Übungen für individuelles Training ohne Langeweile für Pferd und Reiter Korrektheit und Gelassenheit bei der Aufgabenbewältigung zu erreichen.

Lexikon Westernreiten – Praxiswissen von A bis Z

Ute Tietje

180 Seiten – weit über 100 Grafiken - ISBN 978-3-9468604-9-5

Buffalo Verlag, Verden, 2. Auflage 2019 – 19,90 €

Aktuelles Wissen rund um den gesamten Westernreitsport; für Turnier- oder Freizeitreiter, gleichermaßen interessant. Mit mehr als 1.500 Begriffen von „A“ wie Appaloosa bis „Z“ wie Zero Score und seinen zahlreichen Querverweisen sowie vielen Grafiken lässt dieses Werk keine Frage offen.